ご飯の島の美味しい話

飯島奈美

グリーンカレーそうめんタイ風 — p.25

ミャンマーサラダ—— p.27

トマトカルボナーラ── p.39

ねぎとお揚げのとろみうどん— p.59

豚肉のポッサム── p.74

白菜の漬物鍋── p.117

豆腐のあんかけご飯— p.127

エチオピア風肉じゃが── p.166

ご飯の島の美味しい話

飯島奈美

幻冬舎文庫

ご飯の島の美味しい話

目次

揚げバナナ

初めてチェンマイに行ったのは、もう十年くらい前のこと。

小林聡美さん主演映画「プール」の撮影でした。CMの撮影でご一緒させていただいたのがご縁で、小林さんの映画「かもめ食堂」「めがね」の料理を担当させていただき、この作品で三本め。タイで約一ヶ月のロケになりました。

日本が凍てつくような寒さの二月、荷づくりは半そでシャツにサンダルなどをひっぱり出して、真夏の準備。なんだか信じられないけれど、ちょっと嬉しい。暖かいチェンマイへ出発しました。

料理の出番は少なめだったので、空いている時間にタイ料理の教室や、カービング教室に行くことを楽しみにしていました。撮影で作る料理の手伝いをしてくれるのは、チェンマイ在住歴十年（当時）の岡本さん。彼女はタイの屋台本など、タイ料理に関する書籍を何冊も出しているライターさん。幸せなことに、彼女の案内で美味しい屋台や店を食べ歩き、チェンマイのいろいろな味と出会えました。とは言っても、お仕事はきっちりと。

最初の出番は、日本から来た主人公の娘がテーブルに置いてあるバナナを食べるシーン。フルーツを買い出しに市場へ行きました。バナナ売りのお兄さんはダラ〜ッと横たわり、完熟ならぬ熟睡モード。四十度近い炎天下、無理もありません。この猛暑では、頑張りすぎるとムダに疲れてしまいそうな気配。東京での広告の仕事のときなどは、青山や広尾のスーパーに、美しくお行儀よく並べられた野菜やフルーツを、申し訳ないと思いつつ、端から手に取って裏表とひっくり返し、傷んでいないか、どれが形がいいか確認に余念がありません。一方、映画の中の食材は、形よりもそのシーンに合っているかどうかが大切。ときには熟れて少し黒くなったバナナを選ぶこともあるかもしれません。今回は、自然な感じがいいので、家の食材の買い出しのように、美味しそうなものを、パッと選び買います。ジリジリと照りつける日差し。外の市場ではのんびりしていられません。

美術さんが用意してくれたカゴに、タイのフルーツを盛りつけて、いよいよ本番です。近くで見ていると、改めて女優さんは大変なお仕事だと思いました。バナナを食べながら歩き、お芝居をする。あっ！　もう7テイクめ！　七本もバナナを食べてる……。細いのに、すごいです。

三日後は、「揚げバナナ」が出てくるシーンの撮影でした。バナナをスライスし、削ったココナツ、粉、ヤシ砂糖を合わせた衣を絡めて揚げる、タイでポピュラーなおやつです。東京で、ずいぶん研究して、試作はしたものの、まだ完璧な揚げバナナは作れていませんでした。岡本さんにお願いして、知り合いの揚げバナナ屋さんへ見学に行くことに。タイの少し短いバナナを縦に三枚くらいにスライスして衣を付け、油に入れます。あれ？　温度が低そう。屋台のおばさんも低いと思ったのか、あわてて火を強めます。なんて大雑把な。おばさんは、おしゃべりを始め、気がつけば十五分経過。忘れてるのかな？　結局十七〜二十分経った頃、美味しそうなキツネ色に。新聞紙を広げたザルに、こんがり揚がったそのバナナを取り出しました。揚げ立てを一つ。カリカリの衣、中のバナナは甘くて、ホックリとして美味しい。こんなにじっくり揚げるから、冷めてもカリカリのままなんだ！　おばさんのおおらかさも味のうちだと思いました。

見学させてもらった甲斐あって、本番では、カリカリと上手に揚がりました。タイ人スタッフにも、「揚げバナナ屋台ができるよ！」となかなか評判でした。思えば「かもめ食堂」で作ったシナモンロールも苦戦して、撮影当日に初めて上手に作れたのです。揚げバナナもシナモンロールのように、スクリーンから美味しそうに伝わりますように！

「かもめ食堂」「めがね」「プール」、日常のなんでもない日の料理をとても大切にしている三本の映画とスタッフに出会えたことは、フードスタイリスト冥利に尽きると、改めて思うロケでした。

揚げバナナ

タイのバナナはじっくり揚げても、ほとんど生の状態と変わりません。日本で改めて同じレシピで試してみたところ、日本のバナナは加熱するとドロッと溶け出すものもありました。そんなときは、短時間で揚げる方法をおすすめします。160〜165℃の油で2分半〜3分揚げます。一口大に切ったさつまいもでも美味しいです。

材料（4人分）

バナナ　2〜3本
薄力粉　大さじ1と1／2
上新粉　大さじ3
砂糖　大さじ1と1／2
粗塩（普通の塩の場合は量をやや少なめに。以下全て）　小さじ1／3

ベーキングパウダー　小さじ1／3
白ごま　小さじ1
ココナツロング　50g
ココナツミルク　150ml
揚げ油　適量
温度計（かなり重要）

作り方

1　ボウルに薄力粉、上新粉、砂糖、粗塩、ベーキングパウダー、白ごま、ココナツロング、ココナツミルクを入れ、ゴムベラなどで混ぜ合わせ、5分なじませる。
2　バナナを長さ半分に切り、さらに縦半分に切る。
1のボウルに入れ、手で混ぜ、ていねいに衣を付ける。140〜145℃の低温の油に入れ、10分ほど揚げて、薄く色づいてきたら火を強め、温度を上げ（160℃）、キツネ色になったら網とペーパータオルを敷いたバットに取り出す。
※さつまいもを揚げる場合も同様。
バナナは身のしっかりしたもので（エクアドル産など）。

タイ風鶏鍋、タイ風ちらし寿司、青パパイヤサラダ

毎日のメニューに悩んでいませんか？　私もいつもメニュー決めには結構悩んでしまいます。

私が仕事のメインにしているテレビCMは、十五秒という短い中でたくさんの情報やイメージを伝えなくてはなりません。食品会社のCM以外は、料理は主に小道具として使われ、一秒、〇・五秒しか映らないなんてことも。でもここが腕の見せどころです。そんなときのメニューのポイントは、一瞬見れば「食べた〜い！」となる、誰もが味も形も分かる定番料理を選ぶことです。例えば、肉じゃがの肉をベーコンやひき肉で代用なんてしてしまったら、何だか分からなくなります。「これはじゃがいもとひき肉？　肉じゃがみたいなものかな。美味しそうかも。食べた〜い！」と、ワンテンポ遅れてしまい、十五秒内では分からずじまい。

映画の中では、もう少しじっくり、それも大画面で出てくるので、多少変化をつけたりできます。

「プール」の一つ前の映画、与論島で撮影された「めがね」で、バーベキューのシー

ンがありました。バーベキューの定番といえば、肉、ソーセージ、パプリカ、とうもろこし、かぼちゃ、など。でもこの映画では設定が春、しっとり大人のバーベキューをイメージしました。肉、皮付きたけのこ、太くてやわらかいアスパラ、さや付き空豆、新玉ねぎ、ほかにはれんこん、しいたけを網の上でじっくり焼くことにしました。ふいに訪れた大切な人をもてなすちらし寿司は、キッチンにある、あり合わせの乾物や野菜、卵を使って作ったイメージにしました。なので、エビやイクラは飾りませんでした。

「プール」でのメニュー作りも、試行錯誤しました。「タイ風鶏鍋」も、その一つです。「鍋」と、台本にありました。鍋といっても数え切れないくらい種類があります。それを、設定を基に絞っていきます。この場合、タイで働く心優しい日本人男性・市尾が、女性の友人二人のために作る鍋。暑いタイでも食べそうな、男らしい鍋にしようと思いました。タイの鶏肉はとても美味しくて、一般的にもよく食べられています。骨付きにすれば出汁《だし》も出るので、一石二鳥。骨のある、いい味を出す男……。まさに男らしいと思い、そこから考え始めました。私の中で、市尾さんは博多出身とイメージして、鶏の水炊き風にしよう！　と。すると、次々アイデアが出てきよる（福岡弁）。スープはコラーゲンたっぷりで、日焼けしたお肌にもいい。肉団子の味付けに加えたナンプラーの旨味もスープに染みてきていい感じ。香り付けのレモングラスもさわやかで、女性好み。野菜は空心菜、もやし、ミニトマト、きのこ、そしてタイの豆腐を揚げて作った厚揚げ。薬味は細ねぎの小口切りとタイのライム。男らしくて女性思いの日本出身、タイ在住の男性が作る鍋が完成しました。我ながら、なかなか美味しくできました。

そして、日本から来る娘をもてなす母の作るメニューは、スタッフと決めました。ちらし寿司を中心に、パパイヤサラダ、かにのカレー炒め、酢豚。好奇心旺盛な母の作る料理らしく、日本、タイ、中華と、バラエティ豊かにしました。それでいて、ご飯、野菜、魚介、肉と、バランスを考えました。タイで作るちらし寿司は、鶏むね肉を酒蒸しにし、ほぐしてフワフワに。錦糸卵も細切りにしてフワフワに。そして紫玉ねぎの薄切りを甘酢に漬けて鮮やかなピンク色に。甘酢生姜の代用です。タイのライムを加えて寿司飯を作り、ザルにバナナの葉を敷いて、寿司飯、鶏肉、卵、紫玉ねぎをフワッと花が咲いたように彩りよく盛り、上にエビ、飾り切りした赤唐辛子、スナップえんどう、香菜を散らしました。タイのホテルに着いたとき、部屋にあったウエルカムフルーツのかご盛りのような、華やかなちらし寿司ができました。

メニューを考えるとき、ふだんの料理を思い浮かべながら、季節や天気、状況に合わせてみてはどうでしょう。組み合わせる食材が変化して、きっとひと味違う料理が生まれます。

タイ風鶏鍋

映画「プール」の中でタイに住む日本人男性の市尾がもてなす鍋です。基本イメージは男らしい鍋です。骨付き鶏のブツ切りを煮込んで、タイの野菜を入れました。鶏のスープをそのまま味わって、途中からレモングラスを加えると、さわやかな風味になって、二つの味を楽しめます。

材料（4人分）

骨付き鶏ブツ切り肉　800g
手羽先　200g
昆布　10㎝角1枚
粗塩　約小さじ2
酒　大さじ2
A　鶏ももひき肉　300g

粗塩　小さじ1／3
ナンプラー　大さじ1／2
こしょう　少々
B
卵　1個
パン粉　20g
薄力粉　大さじ1／2
厚揚げ（油抜きした）　1枚
きのこ類　好みの量
ミニトマト　8個
ほか、好きな野菜（空心菜、もやしなど）
レモングラス　2〜3本
薬味（香菜、細ねぎ、ゆずこしょう、こしょう、すだちなど）

作り方

1　たっぷりの湯を沸かし鶏肉を入れ、表面が白くなったら、水にとり、汚れや血を洗い流し水気を切る。
2　水2000ccに昆布を30分浸しておいた鍋に1を入れ中火にかける。沸騰寸前で昆布を取り出し、アクを取りながら、フツフツと沸いた状態で約50分煮る。味をみながら粗塩小さじ1〜1と1／2で少し薄めに味をつける。
3　肉団子を作る。Aを合わせて練り、Bを加えて混ぜ、さらに練っておく。
4　好きな野菜、厚揚げ、きのこを食べやすい大きさに切る。
5　鍋を火にかけ沸騰したら酒を入れ、味が薄ければ残りの粗塩で味をととのえ、厚揚げ、3の肉団子のタネを丸めて入れる。団子が浮いてきたらミニトマトなどほかの食材も加え、火が通ったら出来上がり。
6　香菜と細ねぎを刻んで混ぜたもの、ゆずこしょう、こしょう、すだちなど薬味を添える。途中でレモングラスを入れても味が変わって美味しい。
※スープをさっぱり食べたい場合は肉団子をお湯で下茹でしても。

タイ風ちらし寿司

ご飯の具は、塩もみきゅうり、白ごまだけでも十分です。又は、残りもののひじきの煮物や切り干し大根を混ぜてもいいと思います。

材料（4〜5人分）
米　3合（酒大さじ2と昆布5㎝角を入れて固めに炊く）
合わせ酢　酢＋柑橘類70cc

　砂糖　大さじ3
　粗塩　小さじ2
ご飯の具　きゅうり　1本（薄切り）
　にんじん　1／2本（いちょう切り）
　ヤングコーン　5本（輪切り）
　干ししいたけ　5枚（水で戻して薄切り）
鶏むね肉　1枚
ナンプラー　小さじ1
卵　3個
紫玉ねぎ　1個
白ごま　大さじ1
油　適量
A　干ししいたけの戻し汁　150cc
　砂糖　大さじ1／2
　醬油　大さじ1／2
B　水　600cc
　酒　大さじ2

C　粗塩　小さじ1
　砂糖　小さじ2
　粗塩　小さじ1／3
　水溶き片くり粉　少々
D　酢　大さじ8
　水、砂糖　各大さじ4
　粗塩　小さじ1
ほか、塩茹でしたエビ、スナップえんどう、赤唐辛子、香菜など

作り方

1　米を研ぎ20分浸水し、ザルにあげ、酒と昆布を入れ、固めに炊く。
2　きゅうりは塩もみし、にんじん、ヤングコーンは塩茹で、干ししいたけはAとともに小鍋に入れ水気がなくなるまで煮る。
3　鶏むね肉は鍋に入れ、Bで水から約10分茹で、鍋の中でそのままにしておく。粗熱が取れたら細かくほぐし、ナンプラーで和える。
4　卵を溶き、Cを加え混ぜ、薄くサラダ油をひいたフライパンで、薄焼き卵を作り、細く切る。
5　紫玉ねぎをスライスし、合わせたDに漬ける。

6　炊けた米を飯台に移し、合わせ酢をまわしかけ、全体を切るように混ぜ、うちわであおいで粗熱を取る。

7　6に2と白ごまを混ぜ、器に盛り、3、4、5を所々散らすようにフワッと盛り、エビ、スナップえんどう、赤唐辛子、香菜などを散らす。

青パパイヤサラダ

パパイヤサラダの甘みは、タイではヤシ砂糖を使いますが、自然な甘みのはちみつで代用しました。生でインゲンを入れますが、苦手な方は茹でてください。グレープフルーツやなし、パイナップルなど、フルーツを使っても。青唐辛子が手に入らなければ、一味などで代用してください。青パパイヤの代わりに大根でも。

材料（4人分）

青パパイヤ　160g
にんじん　40g
おろしにんにく　小さじ1／3
青唐辛子　1～2本（小口切り）
インゲン　4本（5㎝に切る）

干し桜エビ　大さじ2
ミニトマト　5個（半分に切る）
ピーナッツ　大さじ3（くだく）
A　ナンプラー　大さじ1
　はちみつ　大さじ1（又はグラニュー糖大さじ1）
　レモン汁　大さじ1
香菜、ミント　好みで

作り方

1　すり鉢に、にんにく、青唐辛子を入れ、よくすり混ぜ、インゲンを加え、すり棒でたたきつぶし、Aと干し桜エビをちぎって加える。
2　1にせん切りしたパパイヤ、にんじんを加え、たたくように混ぜ、全体に味をなじませる。
3　ミニトマト、ピーナッツ大さじ2を加え、さらに混ぜ、皿に盛り、残りのピーナッツと好みで香菜やミントを散らす。

タイ風そうめんとミャンマーサラダ

広告の仕事でフードスタイリストが海外へ連れて行ってもらえることは、実はほとんどありません。制作会社に渡されたＣＭの画コンテを見ると、海外ロケ作品っぽいのに、料理のシーンだけは都内のスタジオで別に撮影。ガッカリ……。

でも、タイのバンコクにはいろんな企業のＣＭで四回も行きました。タイで人物や風景を撮影して、東京で料理だけ別撮りするためスタッフをもう一度集めるより、私一人が行った方が制作費が安くなるらしかったのです。タイのスタジオで料理撮影。「海外だ！　嬉しいーー！」と、一瞬思ったものの、ほぼホテルとスタジオの往復で、「これじゃ、東京で仕事してるのと変わらないよー！」なんてこともありました。

タイの首都バンコクは、大都会で、美味しい店や面白いものもいろいろあるけれど、車やバイクが多すぎる。そんな印象でした。

映画「プール」の撮影で初めて訪れたチェンマイは、バンコクとはまったく違っていました。楽しめる店や街はありつつ、空が広くて花や緑が溢れている。車で少し走れば、牛が放し飼いされているようなのどかな場所でした。

そしてなんといっても市場！　街のあちこちに、大・小いろんな市場がありました。干しエビや魚の匂いにむせながら、日本では見たことのない野菜や惣菜《そうざい》が色とりどりに並んでいるのを見るだけで、楽しかったです。しかも、私のホテルはキッチン付きだったので、気になる食材や美味しかったものを自分で料理してみたり、普通の旅ではなかなかできない嬉しい体験でした。

映画がクランクインすると、監督、カメラ、照明、スタイリストさん、メイクさんほか、ほぼ全員毎日お仕事です。私は料理が出ない日は、基本的に休みです。そんな日は、コーディネーターの岡本さんと美味しい店を食べ歩き。滞在中に気に入った料理がたくさんありました。エビ味噌の混ぜご飯「カオクルックカピ」、ココナツミルクの入ったカレー味の汁麺「カオソーイ」、鶏のスープで炊いたご飯の上に、茹でた鶏をのせた「カオマンガイ」などなど挙げたらきりがないのですが、特に気に入った二品がありました。

一つは「カノムジーン」という、タイのそうめんのようなものです。米を原料に生地を作り、型に入れて、ところてんのように細い穴から生地を押し出します。沸騰した湯に直接流し入れると、すぐにフワッと浮いてきます。茹でたら水にとり、一口大の大きさに巻きます。岡本さんが二人分を注文。テーブルに三種類のかけ汁とザルにいっぱいの野菜、茹で卵、豚の皮をカリカリに揚げたものが自由に取れるように並んでいます。そうめんが運ばれてくると、自分の皿に一玉取り、刻んだキャベツ、もやし、バナナのつぼみの細切り、ハーブなど、たっぷりのせます。好みのかけ汁をかけて、混ぜながら食べる。茹で卵も皿の端にのせて少しずつ崩して混ぜていく。黄身が全体に行きわたるとピリッと辛いタレがまろやかになり、ぐんと美味しくなる。さらに豚の皮を手でバリバリ割り崩しながら入れると、脂の旨味、カリカリした食感と香ばしさが加わる。タイの料理は味のメリハリと食感が楽しい。気がつけば、一口大のそうめん一玉につき、茶碗一杯分くらいの野菜を食べている。二人の前にそうめんが一皿に十玉のって出てきたときは「私、一人で三皿くらい食べられる。少な〜い！」と子どものように口を尖らせていたのですが……。四玉めを皿に取る頃には満腹感が。たくさんの野菜、炭水化物、たん白質がバランスよくとれるタイのそうめん。炭水化物に偏りがちな日本のそうめんに取り入れたい食べ方です。

そして、日本に戻ってからもときどき作っては、大好評な「ミャンマーサラダ」です。私の泊まっていたホテルのとなりはミャンマー料理を出す食堂でした。ペニーワートという水草で作ったサラダが美味しくて、初めて食べたときはおかわりしてしまったほどです。たとえるなら、ほうれん草のごま和えのような、ホッとする味。ペンを片手に作り方を教わりました。もっとたくさんの料理を食べに、ミャンマーにも行ってみたくなりました。

グリーンカレーそうめんタイ風

材料（4人分）

そうめん　3束
鯵《あじ》の干物　1枚
グリーンカレーペースト　1袋（50g）
ココナツミルク　200cc
にんにく　1/2片
生姜　1片
エシャロット　1個（なければ玉ねぎ1/4個でも）
ナンプラー　大さじ1
サラダ油　大さじ1
水　400cc

トッピング
好みの野菜（キャベツ、ミント、香菜、水にさらしたゴーヤー、みょうが、大葉、にんじんなど）　適量
ピーナッツ　大さじ5
茹で卵　4個

作り方

1　にんにく、エシャロット、生姜は薄く切る。鯵は焼いて、骨と皮を取り、ほぐしておく。
2　1を鍋に入れ、水を加え火にかける。煮立ったら、弱火にして2～3分煮て、火を止め、粗熱を取る。ミキサーにかけてペースト状にする。
3　鍋に油をひき、カレーペーストを弱火で2～3分炒め、ココナツミルクと2を入れてひと煮立ちさせ、ナンプラーを加え味をととのえて火を止める。
4　トッピング用の野菜を食べやすく切り、ピーナッツは粗くくだく。茹でたそうめんを皿に取り、野菜と3のソースをかけ、ピーナッツを散らし、茹で卵は少しずつくずし入れ、混ぜながら食べる。
※ココナツミルクを入れない場合は、ココナツミルク200ccを水100ccで代用。さっ

ぱりとして、こちらもおすすめです。

ミャンマーサラダ

材料（4人分）

クレソン　100g
トマト　1個
エシャロット　1個（又は玉ねぎ1／6個）
ピーナッツ（くだいたもの）　大さじ4
サラダ油　大さじ1
粗塩　ひとつまみ
砂糖　小さじ1弱
ナンプラー　大さじ1／2
レモン汁、酢　好みで

作り方

1　クレソンは4㎝の長さに切る。トマトは一口大のくし形に切る。エシャロットはスライスする。

2　ボウルにクレソンとエシャロットと油を入れ、全体を混ぜ、トマト、粗塩、砂糖、ナンプラーを加え、手で軽くもむように和える。仕上げにピーナッツを加え、ざっくり和える。好みでレモン汁又はお酢を少々加えても。

「深夜食堂」の豚汁と温野菜の豆腐マヨネーズ

初めて連続テレビドラマに参加したのは、二〇〇九年の「深夜食堂」でした。原作は私が以前から愛読していた大好きなマンガです。参加することになったきっかけは、映画「東京タワー〜オカンとボクと、時々、オトン」でお世話になった松岡錠司監督に声をかけていただいたからです。想像していたドラマの現場というよりは、映画の現場と同じような感覚でした。

ドラマは全十話。松岡監督以外に三人の監督が演出しました。その中に、山下敦弘《のぶひろ》監督も参加していました。以前観た「天然コケッコー」がよかったので、ちょっと嬉しく、ミーハーな気分になりました。

撮影に入る前には、スタッフと打ち合わせを重ね、主人公のマスターを演じる小林薫さんに料理指導をさせていただきました。俳優さんは、たくさんの役を演じるからでしょうか、大切なポイントをすぐにつかむのです。マスターらしい姿勢や包丁さばきがいい形にキマるのです。渋いです。

そして、深夜ドラマは予算が少なく、工夫や節約を要求されます。食器などは、私が今まで溜めに溜めた、以前に定食屋や居酒屋の設定のときに使った皿や椀、丼を倉庫から出してきてセットに並べてもらいました。ごくたまにしか使わない食器も、こんな日がくるからなかなか処分できません。

撮影は、川崎にある会社の元研修所にセットが組まれ行なわれました。「汚し」も完璧。汚しとは（設定によって）まるで何年も、又は何十年もそこにあって、使い込んだかのようにセットに汚れを付けてなじませること。カウンター、キッチン、テレビ、クーラーの室外機、階段や地面など、約二週間で作ったものとは思えない、ほれぼれするなじみ方です。

まさに新宿ゴールデン街の一角にありそうな、マンガのイメージにぴったりの食堂ができていました。私たちも、作業場となるキッチンを作るために、施設の元事務所らしき一部屋を確保。冷蔵庫を置き、会議用のテーブル、事務机にビニールクロスをかけ、書類棚に食器や調理道具を並べ、完成させました。

食堂の定番メニューは豚汁定食だけで、あとはお客さんが食べたいものをマスターが作ってくれるという設定です。赤いタコウィンナー、猫まんま、ポテトサラダ、卵サンド、お茶漬けなどなど。そこに来るお客さんが、そのとき食べたいものや、好物を食べてホッとしたり、元気づけられたりする、すてきなエピソードばかりです。

ちょっとウラ話を。撮影のときは一日中、同じ料理ばかり食べるシーンが続いたりします。

例えば、バターライスの回。ここでいうバターライスとは、熱々のご飯にバターをのせて、溶けかけたところで醬油をたらして食べる料理です。軽く一膳食べるなら、とっても美味しいのですが、食べ続けるにはバターのこってりさが少し重くてつらいのです。そこで、醬油と酒を火にかけ、削り立ての鰹節を浸してからこし、おかか醬油を作り、セットに置いてある醬油と差し替えたりして、少しでも飽きずに食べられるよう、変化をつけたりしました。

撮影現場では、慌ただしく料理を仕上げながらも、じ〜んと感動してしまったり。料理って栄養になったり、美味しいだけではないんですよね。味や香りで、人の記憶や思い出を蘇らせてくれるものなのだなぁと、しみじみ思いました。料理っていいな。

原作者の安倍夜郎さんも、現場に訪ねて来て、カツ丼を食べて喜んでくれました。

マンガでこのシーンを読んでいたときは、こんなことは想像していませんでした！

そして、いろいろな人に「ドラマよかったよ〜」と、言ってもらえるのですが、その半面、苦情も多いのです。

深夜食堂というだけあって、このドラマは深夜の放送。「夜中にお腹がすいて困るよ〜！」と、よく言われます。
今回は深夜食堂の定番の豚汁とともに、ヘルシーな野菜料理を紹介します。

深夜食堂の豚汁

豚汁はたくさん作って残っても、翌日がまた美味しいです。キムチやかきなど足して、うどんを煮ても合います。

材料（4〜5人分）

豚薄切り肉　200g（3㎝幅）
A　大根　4㎝（いちょう切り）
　にんじん　1／2本（いちょう切り）
　しいたけ　2個（スライス）
　ごぼう　1／4本（ささがき）
　こんにゃく　1／3枚（ちぎって下茹で）
油揚げ　1枚（油抜きし細切り）
長ねぎ　2／3本（半分は5㎜幅、半分は小口切り）

里芋　2個（皮をむき一口大）
豆腐　1／2丁（水切りする）
ごま油　大さじ1
酒　大さじ2
出汁（かつおと昆布の合わせ。以下、出汁全て）　1200cc
味噌　大さじ4～5（仙台味噌や信州味噌を合わせる）
みりん　小さじ1／2
醤油　小さじ1／2

作り方

1　熱した鍋にごま油をひき、豚肉を炒める。色が変わったら、Aを入れ炒め、酒を加え、フタをして弱火で4～5分蒸す。
2　出汁、油揚げ、味噌半量を加え、15分煮る。
3　長ねぎ（5㎜幅）、里芋、豆腐をちぎって加え、約15分煮る。仕上げに残りの味噌、みりん、醤油で味をととのえ、器に盛り、小口切りの長ねぎをのせる。

温野菜の豆腐マヨネーズ

野菜は白菜やヤングコーン、大根、カリフラワーなどなど何でも。少し固めに歯ごたえを残して茹でます。豆腐マヨネーズには、アンチョビやツナなどを入れて変化をつけても。

材料（4人分）

好みの野菜　約700g
　れんこん　1／2節
　さつまいも　1本
　ごぼう　1／3本
　にんじん　1本
　かぶ　2個
　ブロッコリー　1／2株

A
出汁　800cc
粗塩　小さじ2

B
絹ごし豆腐　1／2丁（水切りする）
マヨネーズ　大さじ2～3
粗塩　小さじ1／3

オリーブオイル　適量
黒こしょう　適量

作り方

1　れんこんは皮をむき、1㎝厚に切る。さつまいもは皮付きのまま1㎝厚に切る。ごぼう、にんじんも皮付きのまま食べやすい大きさに、かぶは葉を落とし6等分に切る。ブロッコリーは小房に分ける。

2　鍋にAを沸かし、固いものから順に入れる。ごぼうを入れ、5分煮たら、れんこん、にんじん、さつまいもを入れ、さらに3〜4分。かぶを加え、さらに1〜2分して、ブロッコリーを加え、火を止める。しばらく浸してなじませておく。

3　ボウルにBを入れ、ゴムベラでなめらかにつぶして混ぜ、器に入れる。オリーブオイルをまわしかけ、黒こしょうを粗くひく。

4　皿に汁気を軽く切った野菜を盛る。3の豆腐マヨネーズを付けて食べる。

トマトカルボナーラとミントショコラ

「あの雑誌の一ページを開けていなかったら、今頃何をしていたかな」

仕事や人との出会いに恵まれるたびに、フードスタイリストを目指した頃が思い出されます。

「オレンジページ」で「フードコーディネーター」という職業があることを知りました。こんな美味しそうなページに関わりたい！　と、フードコーディネーターを目指し、運よくアシスタントにつくことができたのは、二十一歳のときでした。主な仕事はテレビCMや広告、スーパーのチラシなどの撮影で、器を考え、料理を提案し、作って盛りつけカメラ前にセッティングすることで、まずは、そのお手伝いからでした。先生がコーディネートする食器に感激したり、見栄えのする料理の盛りつけ方を学んだりしました。毎日が初めて経験することばかりで楽しく、その半面知らないことだらけで、失敗しては叱られて落ち込んだりしながら、無我夢中の日々でした。

特にびっくりしたのは、撮影現場には、聞いたこともない専門職があることでした。「湯気屋さん」と呼ばれる人は、私たちが作る料理に、お手製のボイラーを改良した器具で、ホカホカの湯気を足してくれます。

「シズル屋さん」は、ビールやウィスキーほか、飲み物に、水滴や泡、氷を足して、美味しさを表現します。

「仕掛け屋さん」もいます。例えば同じ場所に、決めたタイミングで卵を落とすために、世界に一つしかない装置やシステムを作り出します。私の仕事も同じく、専門職なのだと意識することができました。

大勢のスタッフやクライアントが期待し、見つめる中、偶然の美味しさを狙うのではなく、成功の確率を上げるために、食材、道具の性質、作用や現象、原理を考えていくようになったのです。

そして、先生が担当していた伊丹十三監督の映画撮影の現場をお手伝いし、経験することができました。エキストラがたくさん出演する中華料理店のシーンでは、テーブルの管理を兼ねて、ウェイトレスとして出演したこともありました。伊丹監督のイメージを具現化するために、全てのスタッフが誠心誠意、持てる力を尽くしていると感じる現場でした。

二十八歳で独立しました。自分の力を試したいと思い、独立を決めたものの、不安でいっぱいでした。仕事がなければ、以前から気になっていた屋台のコーヒー屋さんを始めようかと、本気で考えてもいました。なんとか仕事が徐々に入ってきて、ホッとしたのも束の間、スケジュールが入っている日に限って、そこばかり問い合わせが来て、落ち込んだこともありました。これではいけないと、あるときからこう思うようになりました。「その仕事を受けられないのには理由がある。断っても、きっといつか、ベストでできるタイミングで声をかけてもらえる。そのときはがんばろう！」と。そう思うようになり、それを実感するようなことがあったりして、前向きな気持ちになれました。

そして今思えば、受けることができてよかったと思えた仕事がパンのCMでした。小林聡美さんとのお仕事。それをきっかけに、「かもめ食堂」「めがね」に参加させていただくことができました。この二つの映画にたずさわることで、たくさんの出会いがあったのですが、このことは次の機会にお話しします。

今回ご紹介するのは「トマトカルボナーラ」と「ミントショコラ」です。このレシピは独立後間もない頃、小冊子の料理ページを担当していたときに考えました。そのときはミントショコラをバニラアイスクリームにかけて、イタリアのデザート「カフェ　アフォガート」風にしました。今回は温かい飲み物にアレンジしてみました。トマトのカルボナーラは、当時は生クリームを入れて作っていました。トマトソースが大好きなので、こってりしたカルボナーラを飽きずに食べられるようにミニトマトを入れてさっぱり感を出しました。以前イタリアへ旅行に行って食べたカルボナーラが日本の卵かけご飯のようにすごくシンプルで美味しかったです。クリームなしでも美味しいです。

トマトカルボナーラ

ベーコンの代わりに赤唐辛子1〜2本で作るとHOTなカルボナーラに。その場合は黒こしょうを控えめに。

材料（2人分）

スパゲティ　160g
ミニトマト　8〜10個
ベーコン　50g
にんにく　1／2片
オリーブオイル　大さじ1
A　卵　2個

卵黄　1個分
生クリーム　大さじ2（なくてもOK）
パルメザンチーズ　大さじ3〜4
粗びき黒こしょう　少々
粗塩　適量
粗びき黒こしょう　好みで

作り方

1　プチトマトはへたを取り、縦半分に切る。ベーコンは1㎝幅に切る。にんにくはスライスする。Aを混ぜ合わせておく。
2　フライパンにオリーブオイル、にんにくを入れ、弱火にかけ、香りが出て色づいたらベーコンを入れ、炒める。
3　1000ccに対して、10gの粗塩を入れたたっぷりの湯で、スパゲティを茹で始める。
4　2のフライパンにプチトマトを入れ、中火で2〜3分炒める。3の茹で汁大さじ2を加え、全体がなじんだら火を止める。
5　茹で上がったスパゲティの湯を切って、4に加え、全体を混ぜたらAを加え混ぜ、味をみて、薄ければ粗塩やチーズ（分量外）で味をととのえる。ソースがゆるければ弱火にかけてとろみをつける。器に盛り、好みで黒こしょうをかける。

ミントショコラ

フレッシュなミントの風味がさわやか。ミントがなければ仕上げにおろし生姜を加えても意外な美味しさ。

材料（2人分）

牛乳　300cc
チョコレート　60g
ココアパウダー　大さじ1
グラニュー糖　大さじ1／2
ミント　軽くひとつかみ（飾り用に少し取っておく）
生クリーム　適量

作り方

1　チョコレートは刻んでおく。
2　鍋に牛乳、ミント、グラニュー糖を入れ、中火で温める。沸騰寸前になったら火を弱めミントを取り出す。
3　2にチョコレート、ココアパウダーを入れ、泡立て器でしっかり混ぜ、煮溶かし、火を止める。

4　カップに注ぎ、ホイップした生クリーム、ミントを飾る。

タイ風串焼きともち米とにんじんクレープ

映画「かもめ食堂」「めがね」に参加したことで、私の仕事に変化がおきました。「かもめ食堂」の公開時に、宣伝も兼ねて食堂を作るかもしれない、という話があり、私も飲食店には興味があったので、何かお手伝いができればいいなと、軽い気持ちでレストラン学校「スクーリングパッド」に週末だけ、三ヶ月間通いました。そこで飲食店で成功しているたくさんの講師のお話を聞くことができました。

同時に飲食業界に興味のある仲間ができました。その中の、屋台をやってみたいという友人数人と、中古の移動販売車を購入しました。みんな飲食とは別の仕事を持っていますが、今でもときどき屋台を出したりしています。自分たちの作った料理にお金をいただいて、喜んでもらえることをありがたく、嬉しく感じるひとときです。でも屋台は場所を確保するのが難しく、ほとんどがイベントのときなどの出店です。夏には「今日は暑いから海へかき氷を売りに行こう！」、冬には「寒いから温かいスープをオフィス街に売りに行こう！」とか、本当はそんなイメージでやれたらいいのですが。

二つの映画に出てくる、毎日食卓にのぼるような、普通の家庭料理を「美味しそう！」と、たくさんの方に言っていただき、それを教えてほしいと、本や雑誌の料理ページを依頼されるようになりました。

基本的な料理のレシピ本は数えきれないくらいたくさん出版されています。それを改めて紹介するのは、とてもプレッシャーでした。映画やＣＭのシーンの中で美味しく作り、美味しそうに見せることには慣れていましたが、細かい作り方を人に伝えることがなかったので戸惑いました。例えば、トースト、目玉焼き、コーヒーゼリー、唐揚げなど。主婦の方なら何十回、もしかしたら、何百回と家族に作っている料理です。なじみのある料理をいつもと同じ材料で、より美味しくする方法……。それには私がＣＭの中で要求されていた、いろいろなことがヒントになり、コツになりました。パンを「美味しそうに」ムラなく焼くコツ。それが美味しく焼くコツでもありました。トーストを二つに割って外がカリッ、中の生地がしっとり糸をひくようなシーンのためには、熱したトースターに入れ、高温で短時間で焼き上げます。低温で時間をかけて焼くとムラなく焼けますが、水分が蒸発しすぎて、パキッと割れてしまうのです。トースターは、ドア側より奥の方が高温になるので、熱したトースターに水分の多い食パンの下の部分を奥にして入れ、短時間で焼き上げると、全体にこんがりキツネ色、中はしっとり焼き上がります。そして、コーヒーゼリーなど、コツはあるのかな……。改めて作って食べてみます。当たり前だと思っていたことを違う視点で見直してみると、より美味しくするためのヒントになりました。コーヒーゼリーの固さはゆるめにし、口の中で溶けるような食感に。そして、ポイントはシロップでした。いつもは砂糖を溶かしたガムシロップを生クリームと一緒にかけていたのですが、コーヒー感が薄まるのがイヤだと、心のどこかで思っていたことに気づきました。そこで、砂糖を少し焦がしてカラメルを作り、そこへゼリーに使った残りの濃いコーヒーを入れ、ほろ苦コーヒーシロップを作りました。コーヒーゼリーがシロップで薄まることもなく、コーヒー感のしっかりある、美味しいコーヒーゼリーができました。そんなふうに一つ一つ答えていきました。

また、映画のお仕事をしていることで、週刊誌「AERA」では、映画の中の料理をテーマに連載ページを持つようになりました。もともと料理をしなかったという映画好きの方から、映画の中の料理を食べたくなって料理を始めました、など、嬉しい感想もいただきました。そしてついに、「オレンジページ」の料理ページのお仕事に声をかけてもらうことができたのです。自分にとって、ベストでできるタイミングだったのだと思います。

少しでも自分の興味を持ったことに一歩ふみ出したことがよかったのかな、と思います。小さな一歩に、ちょっとした夢、そして大きな夢に近づける可能性が広がっているものなんですね。

タイ風串焼きともち米

タイの屋台で食べた串焼きをアレンジしたものです。バーベキューなどにもぴったりです。

串焼きの材料（10本分）

豚バラブロック肉　500g（8㎜厚に切る）
にんにく　1片（スライス）
パイナップル　50g（細かく刻む）
A　シーズニングソース　大さじ2
　ナンプラー　大さじ1
　砂糖　小さじ2
　酒　大さじ2
　酢　大さじ1／2

ごま油　小さじ1
サラダ油　適量
香菜、レモン、ライム　好みで

付け合わせの材料

もち米　240g
米　80g
黒米　大さじ1

串焼きの作り方

1　パイナップル、にんにく、Aを合わせたものに豚バラ肉を30分〜1時間漬け込む。
2　肉を取り出し、串に刺し、薄くサラダ油をひいたフライパンか、魚焼きグリルで両面をこんがり焼く。
3　好みで香菜やレモン、ライムを添える。
※シーズニングソースがない場合は醬油大さじ1と1／2でも。

付け合わせの作り方

もち米と米を合わせて洗い、20〜30分浸水し、20分ザルにあげて水切りする。炊飯するときに黒米を加え、2合の線まで水を入れ炊飯する。
※黒米は洗うタイプと洗わないタイプがあるので袋の裏を参照してください。

にんじんクレープ

秋の収穫祭のイベントで野菜をテーマに作りました。白ワインの香りと自然な甘みが大人っぽくて気に入ってます。ほかにもコーンクリームでカスタードクリームを作ってクレープにしました。

具の材料（4～5枚分）

にんじん　1本（せん切り）
干しプルーン　3個（種抜き）
白ワイン　80cc
水　80cc
はちみつ　大さじ1～1と1／2
レモン汁　大さじ1／2
サワークリーム　適量

生地の材料（4～5枚分）

薄力粉　50g
卵　1個
牛乳　125cc

砂糖　大さじ1／2
バター　10g（溶かす）
サラダ油　適量

具の作り方

1　鍋に、にんじん、干しプルーン、白ワイン、水、はちみつ、レモン汁を入れ煮る。沸騰したら弱めの中火にして10〜15分、汁気がほとんどなくなるまで煮る。
2　1が冷めたらプルーンを小さくちぎってにんじんと混ぜる。

生地の作り方

1　ボウルに卵を入れ、砂糖を加え、泡立て器で混ぜる。牛乳を半量加えて混ぜる。
2　1に薄力粉を加えてなめらかになるまで混ぜ、残りの牛乳を加え冷蔵庫で1時間休ませる。溶かしバターを加えてよく混ぜる。
3　熱したフライパンにペーパータオルなどで薄く油をひき、中火にし、生地を入れて全体に広げ、乾いてきたらひっくり返し、少し焼いて取り出す。同様に4〜5枚焼く。
4　生地の1／4くらいのところにサワークリーム、その上に具をのせ半分に折りたたみ、三つ折りにする。

大きな食パンと、とってもぜいたくなカツ丼

ありそうでないものというのは、実はたくさんあります。今回はありそうと思って探してみたら、すぐには見つからなかったもののお話をしたいと思います。

以前あった話です。フライパン一つでパスタができてしまうという食品のＣＭの仕事で、手軽な商品を作る手軽な道具の象徴として、テフロンのフライパンを用意することになりました。取っ手が黒で外側が赤いフライパンです。すぐにイメージできましたが、探してみると意外なことに全然ないのです。デパートやスーパー、雑貨店、かっぱ橋の道具街など、アシスタントと手分けして何日もかけて見てまわりました。でも、あるのは外側がオレンジや水色、その他の色ばかり……。

そんなとき、たまたま親戚の集まりがあったので、そのことを話すと、みんな口を揃えて「うちの近所には絶対あった。どこにでもあるよ」と言います。期待していると、後日「あると思ったけどないもんだね」。結局、みんなお手上げの様子。その直後、別件の打ち合わせで神楽坂に行ったとき、通り道にあったひなびた日用雑貨店で偶然見つけることができたのです。何十年も前から売れ残っていたのは今日のため？

ホコリをキラキラかぶった赤いフライパン。「あった！」思わず叫んでしまいました。まわりから見れば、なんでフライパンでそんなに興奮しているの、と思われたかも。現場に持っていくと、「これこれ！　こういう普通のがいいよね」と喜んでもらえました。こんなに探したとは、誰も思わないですよね。今でも倉庫に大事に保管しています。

そして食パン。これがまた、盲点だったのです。デジカメのプリンターのCMでのことです。監督の希望は、食パンの耳だけ枠のように残して手に持ち、そこから顔を覗かせたいというものでした。そこで、タレントさんの顔がよく見えるよう、ひとまわり大きめの食パンを用意するよう依頼されました。「分かりました！」と返事をして、パン屋さんをたくさんまわってみると、ほとんどが同じ大きさです。調べてみると食パンの型の大きさは決まっていて、大きい食パンを手に入れるためには、かっぱ橋にあるような専門店で型から作らなければならないことが分かりました。さらに私のオーブンには入らなそうで、焼いてくれるパン屋さんも探さなくてはならなくなりました。結果、無事大きめの食パンを用意することができたのです。ほんの一センチ大きくするだけで、てんやわんやでした。

そういえば、「とってもぜいたくなカツ丼」を依頼されたこともありました。これは、〝ぜいたく〟な缶コーヒーのCMでした。そのときは一瞬しか映らなかったので、ここでどれだけぜいたくしたか、解説させてください。まずは丼。監督に「金の丼で」と発注を受けました。これもありそうですが、全部が金となると、ないものです。時間もなかったので、またまたかっぱ橋へ。丼の器専門店にかけ込んで、シンプルなカツ丼の丼を金に塗ってもらうようお願いしました。そして、食器のリース屋さんで丼に合うお盆、味噌汁のお椀、漬物を盛る小皿を選びます。こんな作業は結構楽しくて、想像を巡らしながら、これはやりすぎバージョン、少し控えめ上品バージョンと、あれこれ考えました。あとは現場で監督と相談。当日は肉厚のカツを揚げ、割り下で煮て卵でとじて金の丼に盛り、みつば、金粉を散らしました。漬物は大根とにんじんを鶴の型で抜いて、昆布と一緒に浅漬けにして添え、小ぶりの伊勢エビ一尾を丸ごと入れた味噌汁を付けました。監督もぜいたくさにとても満足してくれたようでした。

CMの撮影のほとんどは、その食材が旬になるだいぶ前に行なわれるので、出まわる前の食材集めに苦労します。殻付きの栗、皮付きの茹でたけのこなどは、冷凍して保管してあり、一年ごとに新しいものと交換しているのです。デパートや雑貨店に並ぶ道具にも旬があり、お弁当箱が充実するのは新入学の時期でもある春、スープカップや土鍋なら、寒くなる秋冬といったところです。

このようにありそうでないもののエピソードは、挙げたらきりがありません。

しらすとチーズのトースト

ありそうでなかったしらすチーズトーストは、イングリッシュマフィンでも美味しいです。パラパラ落ちそうなしらすがチーズでまとまります。上のトッピングは海苔をちぎったものでも美味しいです。

材料（2人分）

食パン　2枚
（釜揚げ）しらす　60g
スライスチーズ　2枚
練りからし　少々
大葉　2枚

作り方

1　温めたトースターに食パンを入れ、軽く焼いたら、からしを薄く塗り、しらす、スライスチーズをのせ、チーズが溶けるまで焼く。

2　1を皿にのせ、ちぎった大葉を散らす。

簡単カツ丼

ぜいたくなカツ丼にたいして、手軽な茶碗カツ丼です。一つのボウルで衣を付けるので、簡単です。カツはさっと煮て、残りの煮汁に卵を含ませてカツの上からかけます。ありそうでなかったやり方です。カジキマグロなんかもいいですね。

材料（1人分）

ご飯　茶碗1杯分
豚薄切り肉　3枚（今回はロース）
薄力粉　小さじ1
卵　1個
パン粉　適量
長ねぎ（又はニラ）　適量
A　出汁　大さじ3
　　醤油　大さじ1
　　みりん　大さじ1

　砂糖　小さじ1
粗塩　少々
こしょう　少々
油　適量
作り方
1　豚肉に軽く粗塩、こしょうをし、端から4つに折りたたむ。ボウルに肉を入れ、薄力粉を全体にまぶす。別のボウルで溶いた卵小さじ1を肉に絡め、パン粉を上からまぶす。
2　油を小さめのフライパンに高さ1㎝程度入れ、中温で肉を約3分ほど返しながら揚げ、取り出す。
3　Aを小鍋に入れ、沸騰したら、長ねぎ、カツを入れ、さっと煮て、ご飯の上にのせる。残った汁に1の残りの卵をまわし入れ、さっとかき混ぜて、火を通し、カツの上にのせる。

京都の美味しいもの

映画「マザーウォーター」（二〇一〇年公開）の撮影のために訪れ、約一ヶ月滞在した京都の街で、人、食、器、たくさんのすてきな出会いがありました。

初めて京都を訪れたのは、中学の修学旅行。今ほどくいしん坊でもなかったし、団体旅行だったので、そのときは「京都は美味しい」という印象はありませんでした。大人になってからは、美味しい食事を楽しむため、仕事や旅行で年に数回は訪れています。碁盤の目に並んだ道が慣れてない者にとっては逆に分かりづらく、何度来ても把握できませんでした。そんな京都の地図を頭に焼き付けようと、自転車を買って街を散策しました。

街のあちこちに商店街があり、鴨川沿いには桜や柳の木と、自然も多くある。神社やお寺には水の汲める場所もあります。地元の方によると、早朝に水を汲んで淹れるコーヒーは、格別に美味しいのだそうです。それがないと一日が始まらないとも。

京都には古い町家造りの建物が多く、新しい物と古い物、そして和と洋が上手《うま》く共存しています。前から不思議に思っていたのですが、京都にはなぜ洋食屋さんや喫茶店が多いの？　京都出身の方に聞いてみると、「たぶん京都にはホテルがたくさんあるからだと思う」と。確かに京都には観光客が多く、ホテルもたくさんある。ホテルのコックさんが独立して、洋食屋や喫茶店を始めた、ということなのかもしれない！　だから京都の喫茶店の卵サンドはきれいに作るのが難しいオムレツなのかもしれない!!　なんてことを考えながら、オムレツサンドを食べていました。

映画の撮影で滞在したときは、長い期間ということもあって、なに気ないけれど、とっても美味しい店を発見することができました。ご夫婦で営業しているカウンターだけの韓国家庭料理の店、お好み焼きの店、うどんの店などなど。そしてなんといってもパン屋の数が多く、そしてとっても美味しいのにはびっくり。外観は昔ながらの町のパン屋さん、でも食パンが半年待ちという店もありました。あるとき、自転車で鴨川に行く途中に見つけたかわいいパン屋さんで、クリームパンとジャムパンを試しに一つずつ買って、川辺でボンヤリ食べ始めると、「お、美味しい」。手に持った瞬間から、このふんわりした感覚は初めてだとは思っていましたが。売り切れたら大変！と、急いで戻って「あるだけください」。よく見ると、ここのパンは窯《かま》で焼いていました。大人買いして、撮影中のスタッフや俳優さんたちに配ると大好評でした。

バーもたくさんあります。東京にいるときは、バーに行くことはめったになかったのですが、京都ではバーの楽しみも覚えました。バーテンダーさんの無駄のない、綺麗な動きをうっとり眺めたり、繊細で可憐なアンティークグラスとの出会いを聞いて、そのことに思いを馳せると、よけいに美味しく感じたりしました。行かなければそれで済んでしまう、でもそういう時間は一日の気持ちやからだの疲れをほぐして、よどみを流してくれる気がしました。

映画のタイトル「マザーウォーター」を辞書で調べてみると「母なる水、ウィスキーの仕込み水」という意味があるそうです。良い水がなくては始まらない、そんな仕事を持つ人たちの「水」がテーマのお話です。映画の中で料理をいろいろ作らせてもらいました。料理には水が欠かせません。親子丼のお手本にさせてもらったお蕎麦屋さんのご主人に、お店の水についてうかがうと、毎日地下水で出汁をとっているのだそうです。以前、別のところに出店しようとしたけれど、京都の水じゃないと、同じ味の出汁がとれないことが分かり、今は京都にしか店はないのだとか。

水は軟水、硬水いろいろありますが、京都のは硬度の低い軟水なのだそうです。軟水はカルシウム、マグネシウム分が少なく、出汁をとるとアクが出なくて、雑味もなく、素材本来の味をひき出してくれるそうです。東京に出店した有名な料亭も京都から水を運んでいると聞きました。そう思うと水が要《かなめ》の豆腐屋さん、バー、コーヒー屋さんが多いのも納得。東京に生まれた私にとっても日本人として誇りに思える街です。

ねぎとお揚げのとろみうどん

京都の何軒かのお店で食べて、くせになったうどんです。とろみのついた出汁と生姜で温まる！

材料（2人分）

うどん　2人前　※冷凍、生、乾めん、どれでも。
油揚げ　1枚
九条ねぎ（又はわけぎ）　1／2束
生姜　1片
水　1000cc
昆布10cm角　1枚
鰹節　15〜20g
薄口醤油　大さじ2
みりん　大さじ2

粗塩　小さじ1
砂糖　小さじ1
A　片くり粉　大さじ1と1／2
　　水　大さじ3

作り方

1　鍋に水と昆布を入れ、30分以上おく。
2　ねぎは斜めに切り、油揚げはペーパータオルではさんでギュッと押して油を取り（お湯をかけるのでもOK）、1・5㎝幅に切る。生姜は皮をむき、おろす。
3　1の鍋を中火にかけ、沸騰寸前に昆布を取り出し、鰹節を加え、火を止める。2〜3分おいてこす。
4　3の出汁汁900ccに薄口醤油、みりん、粗塩を加える。そこから100ccを別の小鍋に入れ、砂糖を加え油揚げを煮る。汁気が少なくなるまで煮て、味を含ませる。
5　3の残りの汁を沸騰させ、Aの片くり粉を水で溶いて加えて混ぜ、しっかりとろみがついたら火を止める。
6　温めたうどんを丼に入れ、汁をかけ、油揚げとねぎを盛り、おろした生姜をのせる。

コーヒーゼリー

二つ前のお話で紹介したコーヒーゼリーです。「マザーウォーター」にもコーヒーが出てくるので、コーヒーつながりということで。コーヒーカラメルシロップに、ウィスキーをたらせば、さらに大人風味に。

ゼリーの材料（2人分）

濃いめに淹れたコーヒー　280cc
粉ゼラチン　5g
熱湯　50cc
グラニュー糖　大さじ1

シロップの材料

グラニュー糖　大さじ2
水　大さじ1
濃いめに淹れたコーヒー　50cc

生クリーム　適量
ミント　適量

作り方

1　大きめのボウルに熱湯を入れ、粉ゼラチンをふり入れて、ふやかしておく。

2　ゼリー用の熱いコーヒーにグラニュー糖を溶かす。溶けたら、1のゼラチンの入ったボウルに注ぎ、よく混ぜる。ガラスの器やカップに注ぎ、粗熱が取れたらラップをして冷蔵庫で冷やし固める（3～4時間が目安）。

3　フライパンか小鍋にシロップ用のグラニュー糖、水を入れて火にかける。茶色に色づいたら火からおろしコーヒーを入れて混ぜる（はねるので注意）。耐熱容器に移して冷ましておく。

4　2の固まったコーヒーゼリーに、六分立てにした生クリームとミントをのせ、3のシロップをかける。

京都らしさと売店のお菓子

引き続き、「マザーウォーター」撮影のときのことと、京都らしさについてのお話です。

春の京都で約一ヶ月間の撮影でした。滞在中はホテル住まいなので、仕事が終わると「どこで夕飯食べようか？」と、美味しい店を探求する日々でした。京都といえば和食はもちろん、手軽なところではお出汁が命の京うどん、ときどき中華。ちなみに中華は京都中華と呼びたいくらい、関東とは違います。例えば春巻の皮も薄焼き卵のような皮に、あんのないシャキシャキの野菜がたっぷり入ったものでした。酢豚なども酸味や甘みもほどよいのです。中華といっても素材そのものを楽しめ、あっさり洗練されています。

もう一つ、京都らしいなと思ったエピソードを思い出しました。

何年か前に京都に行ったとき、おばんざい屋さんで、おばあちゃん、お父さん、お母さん、小さい子どもという家族ととなり同士になりました。私は友人と、いつもの調子であれもこれもといろいろ注文。となりの家族は、一人ずつまったく同じもの、ご飯、汁もの、和えもの、煮魚とシンプルに献立てして注文していました。京都の家庭では大皿に盛られた料理を取り分けるのではなく、銘々の皿に盛り分けて食卓に並べるのが普通なのだそうです。その外食も、家と同様、家族で同じ料理を食べるだけだったのかもしれませんが、なんだかかっこよく見えたのを覚えています。決めていること、好きなもの、大切にしていることがはっきり分かっている気がしました。

話は変わって。公開に向けて映画館の売店などで販売するお菓子を考えることになりました。この商品作りは思ってもみないことの連続で、世の中に溢れる商品一つ一つの見方が変わってしまったほどです。

まず何を作るかを思いつくまま書きとめていきました。水がテーマだから……ウィスキーシロップやコーヒーのシロップをかけた水ゼリー。コーヒーシロップをたっぷり染み込ませたフォンダンショコラ、ウィスキーを利かせた干しいちじくのシロップ煮をチョコレートでコーティングしたもの。パート・ド・フリュイというフランスの果物のゼリー菓子にウィスキーを加えたもの、あとはアイリッシュコーヒーゼリーなど。焼き菓子、生菓子を含めて十五品くらい考えました。そして売店で保冷できるかや、製造や流通などのことを考えると、作れるものは限定されてきました。最後まで考えていたのは豆腐の大きさのきなこマシュマロ。半丁分の大きさのマシュマロを豆腐のパッケージに入れる、というものです。パックはすぐに手に入れられそうでしたが、マシュマロを入れたあと、ビニールのフィルムを張って留める方法が思ったより難しかったのです。パック詰めを豆腐屋さんにお願いする、その機械を買う、レンタルするなどいろいろ案も出たのですが、機械は二百万円、レンタルでもピアノくらいの大きさの機械は場所もいるし、運ぶのに人手もかかる。最後は断念することにしました。豆腐をパックする、そのこと一つでも大変なのが分かりました。

最終的にはクッキーになりました。それらは登場人物の職業に合わせて味を考えました。豆腐屋のハツミはおから入り。コーヒー屋のタカコはほろ苦いコーヒー味。バーを営むセツコのクッキーはお酒にも合うチーズ味にしました。千葉で「ラ・クレマンティーヌ」というフランス菓子店をやっている、私の二十年来の友人・森下さんとのコラボです。型は台本にあったイラストを真似て、私がペンで手描きし、その通りに作ってもらいました。これもまた、かっぱ橋で作ってくれるところを探しました。そして一枚の銅板から、職人さんが一つ一つ手作業で外側の抜き型を作り、バネを付けて、くぼませた部分の細かい細工もしてくれました。出来上がるまで、思う通りの型になるのかドキドキしました。出来上がったクッキー型はそれ自体〝絵になる〟すてきなものでした。もちろんその型で作ったクッキーは美味しくて自信作です。コーヒー味のクッキーは、カップの原寸大。おから入りのクッキーも豆腐と同じ大きさで作りました。かわいいですよ。

きなこのマシュマロ

豆腐パックに入れるマシュマロは、豆腐と同じ原料の大豆からできているきなこの味に。商品化は実現しませんでしたが、和風のマシュマロ、なかなか美味しくできました。大きくて正直食べづらいので、一口大に切って、粉をまぶすのをおすすめします。

材料（豆腐のパック小2個分）

卵白　2個分
グラニュー糖　160g
水　60cc（大さじ4）
水飴　30cc
A　粉ゼラチン　10g
　水　30cc（大さじ2）
きなこ　20g

B　きなこ　40～60g
　　コーンスターチ　200～400g
温度計

作り方

1　ボウルにAを入れて湯せんでゼラチンをふやかしておく。深めのタッパーなどに混ぜたBを入れ平らにならす。豆腐のパックを押し付けてくぼませ、型を取る。
2　小鍋にグラニュー糖、水、水飴を入れ、グラニュー糖が溶けるまで混ぜながら火にかける（溶けたらいじらず鍋をゆする程度）。117℃まで温度を上げる。117℃になったらぬれぶきんの上にのせ温度が上がらないようにする。
3　ボウルに卵白を入れ、ハンドミキサーの中速で約1分泡立て、きめを整えたら（全体が白っぽく泡立つ五分立て程度）、2を少しずつ加え、高速に変えて泡立てる。
4　きめが細かく、つやが出てきたら、ふやかしたゼラチンを2回に分けて加えながら泡立てる。
5　ボウルの底が人肌程度になってくるまで泡立てる。最後にゴムベラで底からすくうようにしっかり混ぜる。
6　1で型を取ったBのくぼみに5を静かに流し入れる。常温で固める。茶こしを使って表面にBをまぶす。

7　余分な粉を落とし、豆腐のパックに入れる（食べやすくするなら6等分くらいにして表面にBをまぶす）。

ビフカツサンド

京都のカツサンドといえば、牛です。ビフカツサンドです。今回はしっかりめに火を通すタイプですが、好みでミディアムにしたり、赤身を脂の多い部位にして、ごちそうビフカツサンドにしたり、いろいろアレンジ可能です。

材料（1人分）

食パン　2枚
牛もも肉　140gくらい（1・3〜1・5㎝くらいの厚み）
粗塩、こしょう　各適量
薄力粉　適量
溶き卵　適量
生パン粉　適量
揚げ油　適量

ソース（作りやすい分量）

ウスターソース　大さじ1／2
中濃ソース　大さじ1
トマトケチャップ　大さじ1／2
バター、からし　各適量

作り方

1　牛もも肉を室温に10分ほど出しておく。
2　肉をめん棒などでたたき（ひとまわり大きくなる程度）、粗塩、こしょうをふる。
3　薄力粉、溶き卵、生パン粉の順に衣を付け、170〜175℃の油で、約1分半揚げる（途中で裏返す）。バットに取り出し、油を切る。
4　食パンをトースターで焼き、薄くバターとからしを塗る。ソースの材料を混ぜて、カツの片面にソースを塗り、その面を下にしてパンにのせ、カツのもう片面にも塗り、パンを重ねる。軽く押してなじませ、3等分に切る。

盛り上がりっぱなしの韓国

シリーズで三冊出した、私の著書『ＬＩＦＥ　なんでもない日、おめでとう！　のごはん。』の最初の本は二〇〇九年三月に発売になり、その本が韓国語で翻訳出版されました。そして、好評だということで販売促進のイベントに呼んでいただき、五泊六日たっぷり韓国へ行ってきました。

韓国でも私が料理を担当した映画やドラマが人気だったそうで、たくさんの人が集まってくれました。イベントでは、おにぎりを一緒に作ったり、日本の家庭料理をデモンストレーションしたりしました。雑誌や新聞の取材もあり、みんな「見ているだけで、とても温かい気持ちになる。設定はどのように決めているのですか？」などと多くの質問をしてくれました。日常の、なんでもない料理でも、一つ一つと向き合ってみると、それぞれにとても似合う風景があるのです。『ＬＩＦＥ』の設定を考えるときも、自分の思い出のシーンとほかの人の思い出とに共通点が多くありました。その話をすると「あるある」とみんな嬉しそうに盛り上がってしまうのです。おはぎなら「おばあちゃんの家に遊びに行くと大皿にド～ンと出してくれた」とか、「餃子《ギョーザ》の日は家族みんなで百コはいつも包んでた」とか。みんなの記憶に共通する「クリームシチューなら、寒い日が特に美味しいよね」という感覚を「雪の降る日のクリームシチュー」と、タイトルにしました。そうしたことで、ただの料理の写真とレシピだけの本ではなくなり、読者の記憶がひき出され、温かい気持ちになってもらえたのかな。と、改めて考える機会があったので、そんなふうに答えました。そして、日本の家庭料理の本を、懐かしくて温かいと思ってくれる韓国の人の懐の深さを感じて、嬉しくなってしまいました。

イベントの前後は美術館へ見学に行ったり、市場やカフェやレストランに行ったり、満喫しました。市場では、ビビンパゾーン、チヂミゾーンと料理ごとにずらりと屋台が並び、どの店のを買ったらいいのかすごく迷ってしまいました。通訳をしてくれたキムさんは、人がたくさんいる店を選ぶらしいのですが、私は切り方や食材を扱う手が優しく感じることと、人相が決め手でした。二年ぶりの韓国にカフェが増えているのにも驚きました。日本に比べ席が広くとってあり、ゆったりとして居心地もよく、多くの店では伝統的な韓国のお茶・柚子茶、オミジャ（五味子）茶などがメニューにあり、食べ物も韓国の家庭料理を出していました。その中で、私は鯖《さば》のキムチ煮がとても気に入りました。鯖の味噌煮にキムチが合う！　発酵食品のキムチを入れることで鯖の臭いも気にならず、さっぱり感も出て、今の時期は鯖が美味しいのでやってみよう！　と、毎食なにかしらそんなことを思っていました。

海外が初めてのアシスタントの板井さんは、韓国には焼き肉と辛い料理ばかりのイメージが強かったけれど、肉よりむしろ野菜をたくさん食べ、辛くない料理も多いことにびっくりしたそうです。肉を一人一人前注文すると、生野菜や惣菜、キムチがたくさん出てきて、頼めば無料でおかわりをくれるのです。肉は食べるけど、バランスがとてもいいのです。イベントに来てくれた人や取材の方もスタイルや肌つやがよくて、綺麗な人ばかりでした。

そして、男性が優しい。朝から雑誌で調べた食堂を、地図を片手に探し立ち止まると、どこからともなくス〜！　と男の人が寄ってきて、親切に道を教えてくれました。このまま一ヶ月もいたら、だれでもいいから好きになっちゃいそう〜！　と、みんなでまた盛り上がり。

イベントの料理教室を終えたあと、私は後片づけをしてくれている素朴な青年に「それでは、サランヘヨ〜！」と、明るく手をふりながら言いました。一瞬にして、青年とまわりの人が凍りつき、異変を感じました。イベントが始まる前に板井さんが、韓国語ガイドを見ながら「最初は『アンニョンハセヨ』、最後は手をふりながら『サランヘヨ～』がいいんじゃないですか」と言っていたので、私としては「サヨナラ～」のつもりでしたが、サランヘヨ（愛してる）の意味を知ってびっくり!! 笑っちゃいました。そんなこんなで遅ればせながら韓国ファンになった私は、次の機会に向けて韓国語を勉強します！

鯖のキムチ煮

韓国のカフェで食べたランチの鯖のキムチ煮です。鰯《いわし》や鱈《たら》、豆腐でもいいと思います。煮魚に使う鍋又はフライパンは、今回の量なら20㎝くらいのものを使った方が煮汁が浸かって上手く作れます。

材料（2人分）

鯖　半身
キムチ　200g
大根　4㎝
長ねぎ　10㎝
おろしにんにく　少々

水　250cc
酒　50cc
砂糖　小さじ1／2
醤油　約大さじ1
白すりごま　大さじ1／2
ごま油　少々
粉唐辛子　好みで

作り方

1　鯖は半分に切る。キムチ（汁も使う）は3㎝の長さに切る。大根は皮をむいて7㎜ほどの輪切りにしてから3等分に切る。長ねぎは斜めに薄切りにする。
2　鍋に大根、キムチを敷き詰め、その上に鯖をのせ、水、酒を加え強火にかける。沸騰したら中火にして砂糖、醤油、おろしにんにくを加え落としブタをして15～20分煮る。
3　長ねぎ、白すりごまを加え、ごま油を少々たらし、ひと煮立ちさせて火を止め、味をなじませる。好みで粉唐辛子を加える。

豚肉のポッサム

コチュジャンがなければ味噌に豆板醤や一味又はラー油と、砂糖を混ぜても。豚肉を茹でておけばすぐに食べられるので、人が集まるときに助かりそうです。

材料（3～4人分）

豚バラブロック肉　1本（480g）
にんにく　2片
生姜（スライス）　2～3枚
長ねぎの青い部分　1本分
肉がかぶるくらいの水　約1500cc
酒　50cc
味噌　大さじ1
粗塩　少々

A
長ねぎの白い部分　1本分
ごま油　小さじ1
粗塩　少々
白すりごま　小さじ1

B
味噌　大さじ2～3
コチュジャン　大さじ1

　ごま油　少々
　おろしにんにく　好みで
　　白すりごま　好みで
サンチュ　適量
エゴマの葉　適量
キムチ　適量

作り方

1　にんにくは半分に切って芽を取り包丁の背でつぶす。鍋に豚バラ肉、にんにく、生姜、長ねぎの青い部分、水、酒、味噌、粗塩を入れ火にかけ、沸騰したらアクを取り弱火で30～40分煮る。火を止め粗熱が取れるまでそのままおく。茹で汁は薄いお吸い物ほどの塩分で。

2　Aの長ねぎを5㎝のせん切りにし水にさらす。水気をしっかりと切り、ごま油で和えたら、粗塩、白すりごまを加え混ぜる。

3　Bの味噌、コチュジャン、ごま油を合わせて混ぜ、辛味噌を作る。好みでおろしにんにく、白すりごまを加えても。

4　1の肉を薄く切り皿に盛る。サンチュにエゴマの葉、肉、2の長ねぎ、3の辛味噌、キムチを巻いて食べる。

春の美味しいもの

フードスタイリストという職業柄、水を使うことが多く、冬は特につらいので春は待ち遠しい季節です。撮影スタジオは水しか出ないところも多く、冬場に野菜や食器を大量に洗うのはハードな作業です。冬も終わりに近づき、だんだん暖かい日が増えてくると、嬉しくてどこかへ出かけたくなったりしますよね。そんなとき、私は少し早起きして、築地へ行ったりします。

築地に着くと、まずお気に入りの喫茶店に行って、ハムトーストとミルクコーヒーの朝ご飯を食べます。それから市場の場内（豊洲に移転）をひと回りし、そのあと削り立ての鰹節を買ったりします。築地市場の場外は、一般のお客さんや観光の方も多く、家庭でも使いやすい量で食材が買えたり、最近では地方のアンテナショップ的な店も増えて、ちょっとした道の駅へ出かけているような気分になります。置いてある調味料なども面白いものがあるので、みなさんも出かけてみてはどうでしょうか。

三月初めの頃の築地には、秋や冬よりも華やかな色合いの山菜や春の野菜、魚が出揃います。たらの芽、ふきのとう、グリーンピース、たけのこや新玉ねぎ、桜鯛などなど。今はなんでも一年中スーパーで手に入ると思われがちですが、春の野菜はこの時期にしか手に入らないものが多い気がします。実際の季節よりも少し早いタイミングで撮影をするテレビＣＭのために、産地に問い合わせたり、インターネットでどれだけ探しても絶対に見つからなかったさや付きの空豆や皮付きのたけのこなどが、季節になると急に溢れるのです。

そして春の野菜や山菜は、冬の間に溜めに溜めたからだの老廃物を出す役割をしてくれます。からだの中からすっきり目覚めて春になったなぁと実感できるのです。

年を追うごとに、身をもって感じる季節の変化を嬉しく思うようになりました。海外へよく出かけるようになった最近は、特に日本の春夏秋冬、季節ごとの食事や行事の意味を改めて知りたい、大切にしたいと思うようになったのです。

三月の代表的な行事といえば、桃の節句、ひなまつりがあります。

女の子が生まれると初節句にはひな人形を買って飾ります。すこやかな成長を祈り、災厄からひな人形が身代わりになって守ってくれるといわれているそうです。私も子どもの頃は、毎年ひなまつりの少し前には五段飾りのひな人形を両親が飾ってくれました。その人形は顔が私好みの美人で、少し自慢のお姫さまでした。

三月三日には、祖父や親戚も集まり、母が前日からにんじんを花びら形に仕込んで準備した、春らしい色のちらし寿司や、はまぐりのお吸い物が食卓に並びました。はまぐりは春が旬で、そして合わさった一対の貝は二つと合うものがないということで、いい人にめぐりあって夫婦円満の祈りを込めて、桃の節句のときに出すそうです。ほかにもお正月、結婚のときは、「昆布はよろ〝こぶ〟」「豆はまめに生きる」など、日本の祝いの食材は縁かつぎ、ゴロ合わせが多く、科学的又は統計的根拠がなくても脈々と続くこの行為には、いつの時代でも親の愛情を感じます。

最近知ったのですが、「身代わり」になってくれるというひな人形は、一人ひとりにそれぞれ一揃いを用意するものなんだそうです。母も知らなかったのか、わが家では長女の姉が生まれたときに三段買い、私のときに三段から下を二段追加して買い足して五段になったそうです。そうなると、姉の身代わりはお姫さまで、私の身代わりは三人官女よりも下の段のその他大勢だったのかもしれません。でも、私は大丈夫です。そして、大切なのはしまうことです。しまうのが遅くなると、娘が晩婚又は結婚できなくなるという言い伝えがあります。百パーセント信じていないけど、万が一……。と、両親は娘を案じ、ひな人形を翌日にはせっせとしまってくれていました。

グリーンピースの卵包みご飯

グリーンピースご飯に甘酢生姜を入れるだけで、なんとなくお寿司のような風味になりました。
オムライスのような方法でご飯をくるんで、茶巾寿司風です。

材料（4人分）
グリーンピース　1／2カップ（70g）
米　2合
粗塩　小さじ1／2
酒　大さじ1
水　適量
昆布　5cm角1枚
甘酢生姜　30〜40g
きぬさや　適量

薄焼き卵
　卵　4個
　粗塩　ふたつまみ

サラダ油　少々

作り方

1　米を研ぎ、20分水に浸し、ザルにあげて10～20分おく。
2　グリーンピースはポリ袋などに入れ、めん棒でたたき、部分的に粗くつぶす。甘酢生姜は汁気を切り、太めのせん切りにする。きぬさやは筋を取り、茹でて水にとり、水気を切っておく。
3　炊飯器に米と酒を入れ、水を2合の線まで入れ、昆布、粗塩を入れ、ざっと混ぜる。2のグリーンピースも加え炊飯する。
4　炊き上がったご飯に甘酢生姜を混ぜる。
5　ボウルに卵を割り入れ、粗塩を加え混ぜる。熱したフライパンに油を薄くひき、1／4量の卵液を流し入れ広げ、半熟になったら4のご飯の1／4量をのせ包む。
6　皿に盛り、1㎝くらいに切った甘酢生姜（分量外）、きぬさやをのせる。

かぶとはまぐりのスープ

かぶはすぐにやわらかく煮えるので、手早く作れます。小さめのはまぐりがなくても、あさりでもいい出汁がとれます。こしょうをふっても味がしまって、美味しいです。

材料（4人分）

はまぐり（小さめ、又はあさりでも）　350g
水　250cc
酒　大さじ2
かぶ　4個
長ねぎ　15cm
豆乳　100cc
バター　小さじ1
粗塩　小さじ1強

作り方

1　かぶは輪切りにし、長ねぎは小口切りにする。
2　鍋に砂抜きしたはまぐり、水、酒を入れてフタをし、はまぐりの口が開くまで火にかける。はまぐりと汁を分け、はまぐりの身をはずす。
3　熱したフライパンにバターを入れ、溶けたら長ねぎを炒める。火が通ったら、2の汁、かぶを加え、フタをして10分くらい煮る。
4　かぶがやわらかくなったらミキサーにかけ、なめらかにする。
5　4を鍋に戻し、火にかけ豆乳、はまぐりの身を加え粗塩で調味する。あれば、茹でたかぶの葉を散らす。

オンリーワンな料理

私は古いものが好きです。家や作業場を探すときの条件は、新築ではなくむしろ古い物件。その方がピンとくることが多いです。日曜日の天気のよい日には、新井薬師や富岡八幡宮の骨董市へ出かけます。江戸や明治生まれの食器は眺めているだけで気持ちや背筋がシャンとします。私が壊したら、ここで歴史が終わってしまう……という緊張感も加わります。両手でそっと、慎重に皿を一枚持ってみる。同じ柄の揃いでも、一枚ずつ描かれてある絵の表情が微妙に違うことに気づきます。その時代にモノを作った人の気配を感じるような器に出会うことが楽しみです。遥か昔から、よくぞ割れずに家族何代にもわたたって大事に受け継がれてきてくれたと、感動すらします。

また、こういう場所の近くには、やはり古くからの私好みの商店街があります。味わいのある喫茶店でその日の収穫品を開いて見たりするのも楽しみの一つです。

図書館でも、大正、昭和と様々な年代の料理本を見ていると、レシピの文章、言葉の美しさにおどろきます。例えば「味噌汁は煮えばなに火を止める」とあります。

「煮えばな」とは沸騰する瞬間のことをいいます。味噌は煮立てると風味を逃してしまうのです。

旬を待ちきれず、少し前に食べるものを「走り」、もう少しで旬が終わってしまうことを惜しんで食べるものを「名残り」、また唐辛子を刺し込んで紅色におろした大根おろしを「もみじおろし」と、呼び方にも風情があります。

ほかにも日本らしい、と思うのは、大根などに味を染み込みやすくしたり、早く煮えるように十文字の切り込みを入れる「隠し包丁」、小豆などを煮るときに砂糖の甘みに奥行きを加える塩を「隠し味」、魚を焼くときにヒレや尾が焦げないように付ける塩を「化粧塩」と言うなど、日本人の繊細な心遣い、工夫を誇らしく思います。そして同じ料理でも、季節の植物になぞらえて、春は「ぼたもち」、秋は「おはぎ」、これもすてきな表現ですよね。

食に関わってきて、今思うこと。最近は企業やマスコミが、料理の作り手の便利さ、手軽さを第一に考えて、先まわりしすぎているような印象を受けます。基本的な道具（鍋、蒸し器、焼き網など）の気に入ったものを一つずつ揃えれば、工夫して、ひと通りなんでも作れるのです。調味料や加工食品も同じです。今までの道具や調味料を使うことがどんどん億劫になってしまうのが心配です。食の智恵や文化が消えることのないよう、社会全体で考えていくことが必要だと感じます。そして作る側も、料理をする過程をもっともっと楽しんでほしいです。

例えば、卵を焼くときはジブリ映画に出てくるような目玉焼きを目指してみる。出汁をとるとき、鰹の一生を想ってみたり。ちなみに鰹は眠るときも泳ぐのだそうです。道具も料理を楽しむのに重要なアイテムです。プラスチックは便利なこともありますが、身のまわりには気に入った自然素材の盆ザル、お櫃《ひつ》、土鍋、鉄のフライパンなどを揃えて使いたいです。そういうものは、佇まいもいいし、料理が美味しく作れる気分になります。そしてそれを作る職人さん、地球の環境を守ることにもなります。心配するより手入れもカンタンで、長く使え、使うたびにいい味わいが出てきて愛着がわきます。

楽しみながら作る料理はまちがいなく美味しいはずです。そういう料理はとても心に残るのです。そして大人になってからも、そういう料理を作ってもらっていたこと、自分が大切にされていたことが自信になり、自分を大切にできるのだと思います。情緒豊かな食卓を囲むことで、料理にも物語が生まれるのだと思います。

不器用な人が作る、少し味の濃い大ぶりなササガキのキンピラごぼう。手先が器用で優しい人が作る、細く美しく切られたごぼうとにんじんのふわっとした薄味のキンピラ。お腹がすいて急いで作る歯ごたえのしっかり残ったキンピラ。どれも美味しそうですよね。
十人十色のキンピラがあり、決して外食では出会えない、ふとしたときに無性に食べたくなるような、オンリーワンな料理を作りたいですね。

たけのこご飯

旬の時期に新鮮なたけのこが手に入ったら、ぜひ茹でるところから作ってみてほしいです。せっかくなので、2〜3本茹でて、汁物や煮物にしてみたり、さっと焼いてたけのこづくしにしてみてはどうでしょうか？

材料（4人分）

米　2合
たけのこ　1本
油揚げ　1枚
A　出汁　330cc（鰹と昆布）
　薄口醤油　大さじ1

粗塩　小さじ1／2
酒　大さじ1
米ぬか　ひとつかみ
赤唐辛子　1～2本

作り方

1　米を研ぎ20分水に浸し、ザルにあげて10～20分おき、炊飯器に入れる。
2　茹でたたけのこは固い部分を除き、薄く切る。油揚げはペーパータオルなどではさんで油を取り、細かく刻む。
3　Aを合わせて、よく混ぜ、1の炊飯器に注ぎ、2合の線より少なければ水を足す。2の具をのせて炊飯する。炊き上がったら、ひと混ぜする。

※生のたけのこの茹で方
穂先を斜めに切り落とし、皮に縦1本の切り込みを入れる。米ぬかと赤唐辛子を入れて、たっぷりの水で1時間ほど茹で、太いところを竹串1本で刺してすっと通ったら、そのまま冷ます。すぐに使わない場合は皮をむいて水に浸しておく。

牛肉とごぼうの甘辛煮

春にはやわらかい新ごぼうも出回ります。牛肉もお好みの脂の少ない赤身、又は少し脂が多いもの、選ぶ食材で味や食感がだいぶ違います。脂を多めにしたときは山椒粉《さんしょう》をひとふりすると、香りもよく消化も助けてくれます。

材料（4人分）

牛切り落とし肉（バラや肩ロースなど）　200g
ごぼう　1／2本（100g）
つきこんにゃく　小1袋（100g）
生姜　1片（15g）
酒　大さじ3
砂糖　大さじ1強
醬油　大さじ2
油　少々

作り方

1　牛肉は食べやすい大きさに切る。ごぼうは太めのささがきにする。つきこんにゃくは3〜4cmに切り、下茹でし、ザルにあげ水気を切る。生姜は皮をむいてせん切りにする。
2　中火に熱した鍋に油をひき、肉を炒める。ある程度火が通ったら、ごぼう、つきこんにゃくを入れ、さらに1〜2分炒める。

3　全体に油がなじんだら、酒、砂糖、醤油、生姜の順に加え、火を少し弱めて5～6分炒める。ほとんど水分がなくなったら、火を止め、フタをし、味をなじませる。

唐津くんちのもてなし

ある年の十一月、佐賀県唐津の伝統行事「唐津くんち」に招かれて行ってきました。そのお祭りの昔からのしきたりでは、知らない人の家でも上がって、食べたり飲んだりして、みんなでわいわいお祭りを一緒に楽しんでごちそうになるそうです。

友達のあすかさんが唐津の出身で、地元の方にしたら、とにかく唐津くんちは本当にスペシャルなことだから、絶対に唐津くんちに来て、とずっと言われていました。

それで、彼女の家でのもてなしの料理を一緒に作ろうということになったのです。祭り前日は、午後一時から七時くらいまでずっと仕込みです。当日は朝六時半から準備を始めて、十時までに仕上げ。そして、十時に最初のお客さんがやってきて本当に見事に夜中の十二時まで、ずっといろいろな人が出たり入ったりして、料理やお酒をふるまうのです。

だから、料理とお酒の量と種類が半端じゃありません。あすかさんのお宅で用意した一番のごちそうは、くえの刺身。くえ一尾が一メートル近くの大きさなんですが、それ専用の大きくて長いまな板に、姿造り。ほかには、筑前煮や、お父さん特製の唐揚げ、ミートローフ、ポテトサラダや漬物があったり。それから、地元の名物川島豆腐店の「ざる豆腐」がどーんとありました。大きなザルに詰まっていて、三キロくらいはある。店が近いので新鮮だし、迫力があって宴会でも映えました。お祭りならではの決まった郷土料理というのではなく、それぞれのご家庭のごちそうでおもてなし、だそうです。

私が作ったのは、おからサラダとれんこんの南蛮漬け、ひじきもかなり薄味に煮ました。そして「かくや」といって、たくあん、大葉、生姜などをせん切りにして混ぜて、ごまを入れて醤油と酒少々で味付けしたもの。私のはみかんの皮をせん切りにして加えます。これはとても好評で、新潟から来た方に「絶対地元で流行《はや》ると思います。帰ったら作る」と喜んでもらえました。ほかには、蛸《たこ》と大根のマリネなど。事前にメニューを見せてもらったら、メインっぽい料理が多かったので、副菜をいろいろ作ろうと思いました。長い時間の宴会だから、間がもつものがいいので、味が濃くなくて、ずっと食べ続けても飽きないものがいいと思いました。

お客さんは、近所の人はもちろん、くんちのために帰省した人、そのお友達で県外からやってきた人など、百人くらいが入れ替わり立ち替わりでした。あすかさんの家もそうですし、翌日お邪魔した何軒かのお家《うち》も、家を建てるとき、一年に一回のくんちのために、人がたくさん入れるような部屋を作っているように思いました。また、食器も数が揃っていて、二十人くらいのお客さんに刺身用の小皿、醤油皿が行き渡ってる。そんなにたくさん、くんちの日しか使わないのに……。唐津人にとってのくんちの重要度が分かりました。

前日の仕込みは八人くらいで、わいわいとすでにお祭りのようでした。料理が苦手な人はひたすらにんにくをむいていたり。あすかさんに「ちょっと味をみて」と言われて、大鍋に美味しそうに煮えている筑前煮の味見をさせてもらいました。一口食べてびっくり。味付けが全然違う！　すっきりしていて甘くない、そのせいか素材の味を強く感じました。聞いてみたところ、調味料は醤油と酒が中心で甘みはほとんど加えていないそうです。ご飯がなくてもそれだけで食べ続けられる筑前煮。それは新しい発見でした。それまでは「筑前煮とはこんな味」「肉じゃがとはこんな味」と自分でずっと思っていたことに気づいたからです。レシピをお伝えするときはスタンダードな味付けがいいのかもしれない。でも家で食べるなら、その時の気分で冒険してもいいのかな、と思わせてくれる体験でした。

一日めは、昼から夜の十二時くらいまで飲んで食べてもてなして。次の日に、彼女のご両親の代からずっと交流のあるお宅にお邪魔しました。そこでのもてなし料理のメインは、くえの煮物。大きすぎて家庭では煮ることができないので、魚屋さんが煮てくれるそうです。鍋はドラム缶を半分に切ったもの。くんちは前夜祭もあって、昼間は町がわさわさしています。そのお祭りが終わってから、魚屋さんがドラム缶を道に出して煮るそうです。九州を代表する魚ですから、くえを用意する家は多いみたいです。そのほかには、丸ごと揚げて甘酢に漬けた小鯛、いなり寿司、大きな卵焼きが入った巻寿司、サンドイッチに、ローストビーフ、茶蕎麦のサラダ。あと、パーティー料理のオードブルというか、洋風お節のようなお皿などなど。

盛りつけの参考にしたいと思ったのは、川島豆腐店でごちそうになった料理。鯉《こい》の皮を湯引きしてせん切りにしたものと、うす切り玉ねぎとクレソンがひとつの大皿にそれぞれ美しく盛られていて、自分で取り皿に盛って鉢に入れられた酢味噌をかけて食べるのです。酢味噌と混ぜておいておくと水分が出てしまうので、いいアイディアです。

唐津くんちに招かれて強く印象に残ったのは、もてなす人たちの底なしのパワー。気力、体力もそうだし、お金もサービス精神もたっぷり。年に一度のお祭りを、思う存分楽しんでください、楽しみましょう！　という気持ちがこもっています。すごく大きな「もてなしの心」に感謝し、圧倒され、私もよりがんばろうと思いました。

金太郎飴とバルセロナの飴

「行きでいこう」キャンペーンというのを実践しています。

四十歳を過ぎた頃から、月日が経つのがとても早いと感じていて。年末に、本当に一年ってあっという間、と思ったときに、その解決法に気がついたんです。どこか知らない場所に出かけるとき、「行き」はすごく長く感じるけど、「帰り」は同じ道のりでもとても短く感じることがありませんか。つまり、慣れないこと、知らないことをするときは、時間が長く感じる。新鮮だし、記憶に残る。なので「行き」みたいなことをたくさんすれば、一年が長く充実するんじゃないかと思ったのです。やったことがないからやらない、ではなくて、やったことがないことに挑戦する。それが「行きでいこう」キャンペーンなのです。

そのキャンペーンの一環で、パリの友人が経営しているシャンパンバーで三日間だけ食堂をしました。私がメニューを考えて、そのお店のシェフに手伝ってもらって仕込みから料理作りまで。一回十組のお客さんを一日二回で二十組。出したのはまったくの家庭料理です。パリには高級な日本料理店はありますが、家庭料理を出すお店はないと聞いていたので。メニューは鶏の唐揚げや炙《あぶ》りしめ鯖のマリネ、コロッケや切り干し大根などですが、お金をいただいてお出しする料理なので、ちょっとした工夫をしたりコース仕立てにしました。例えば切り干し大根なら、シャンパンに合うように、仕上げに少々オリーブオイルをたらして、フレッシュな山椒をぱらっとふりかけてみたり、デザートには黒糖かりん糖の抹茶ティラミスを出したり。お客様たちにはとても喜んでいただけました。飛び込みで入ってきた地元のパリジャンにも「トレボン、トレボン」と言ってもらえました。家庭料理は作り続けているけれど、私は板前修業みたいなことをしたことがないので、料理人に対して気後れする気持ちがあったのですが、外国の知らない人に食べてもらってそういうふうに言ってもらえたことで、ちょっと自信がつきましたし、私はこれでいいのだと思えました。「行きでいこう」精神のおかげです。

さて、ここからが本題です。パリに「霜ばしら」という飴を持っていこうと伊勢丹で購入しました。食事の最後にお茶請けで出したいなと思いました。「霜ばしら」は宮城の飴で、まさに見た目が霜柱。空気を上手に含ませているので、食感はしゃくしゃくしていて、口溶けが優しくて、見た目も味もすごく繊細です。日本の職人さん手作りならではの芸術的な美しさで、パリの人たちも感激してくれるのではないかと思ったのです。

この「霜ばしら」をはじめ、みかん（の皮の内側の白いところ）を砂糖で煮詰めて作られた沖縄の飴菓子「きっぱん」など、日本各地には郷土色豊かな飴がいろいろあります。秋田の大館《おおだて》では二月に「アメッコ市」というお祭りが開催されます。このお祭りは、「ミズキ」の枝に飴を付けて稲穂の代わりに神前に供えたことから始まり、飴を食べて邪気を払ったと伝えられているそうです。また、長野の松本でも、一月に「松本あめ市」という伝統行事があります。こちらは「敵に塩を送る」の故事に由来して、昔は「塩市」だったのがいつか飴市になったそうです。

日本を代表する伝統的な飴といえば「金太郎飴」ですが、東京の根津に大正時代から続く金太郎飴の老舗《しにせ》「小石川金太郎飴」というお店があり、行ってきました（以前は小石川にあって、平成八年に根津神社の近くに引っ越しました）。ご主人は、高校を出て福井からこのお店に養子にやってきて、以来六十年あまり、金太郎飴をはじめ、いろいろな飴を手作りし続けている優しいお顔のおじさんです。ここの金太郎飴はちょっとソフトで、「最初は噛んだら駄目だよ、噛んだら歯に付いていて、歯が取れちゃったら困るよ」とおじさんが教えてくれました。私がお邪魔したとき、おじさんは完成して切り分けられた金太郎飴を一つ一つセロハンに包んでいる最中でした。「惚け防止でやってるんだよ」とおじさんは笑います。でも、最初は太くて熱くてやわらかい飴を、細く長くのばして、さらにそれを均一に切る作業はかなりの力仕事です。また、季節や気温によって飴の温度、固さを微妙に調節するというのは、熟練の職人技だと思います。

この金太郎飴たち、とにかくお顔がいいのです。おじさんの手作りならではで、顔の表情がちょっとずつ違うのですが、ほのぼのしていてかわいくて、見てるだけでほっこり幸せな気持ちになります。謙虚で控えめなおじさんの人柄、雰囲気が金太郎飴の顔に出てるのだな、と思いました。でもおじさん、控えめですが飴には自信と愛情があります。金太郎飴のほかにもアンズ飴やきなこ飴を指して、「これ美味しいよ、あれも美味しいよ」っていろいろすすめてくれました。

手作りなので、デパートやスーパーに流通していないのもいいところです。お店に行かないと買えないので珍しく、手土産にしても喜んでもらえますし。帰りがけに、小さい女の子がおじいちゃんとおばあちゃんに連れられてやってきて、きなこ飴を量ってもらって百五十円分買っていました。「お散歩っていうと、必ずここに寄るのよね」とおばあちゃん。まさに古き良き時代の個人商店です。おじさんみたいな職人さんになりたいなあ、と思いました。自分のやるべき仕事をていねいにやり、コツコツ修練を積み重ねる、そんな職人さんに。
大正時代から続くという飴屋さん、当時の職人さんは仕事の合間にどんな食事をしていたのかなと調べていたら、大正時代に発行された料理本に出会いました。中から二品紹介します。

なすのつくも煮（2人分）

250ccの水に昆布といりこを入れて煮て、出汁がとれたら昆布を取り出し、醤油とみりんを大さじ1ずつ入れる。そこになす2本を一口大に切って入れて煮て、溶き卵2個分をまわし入れて半熟に火を通す。いりこがなければおかかでもいいと思います。

鯵の酢蒸し（2人分）

三枚おろしにした鯵2尾分の身に粗塩小さじ1をまぶす。15分経ったら水洗いし、ポリ袋などに酢100ccと入れて10分おいたら水気を軽く拭き取り、魚焼きグリルで焼く。大根おろしを添える。さっぱりしてとても美味しいですよ。

金太郎飴的な飴は、日本だけではありません。「小石川金太郎飴」のあとは、〝西洋風〟の金太郎飴屋さん、バルセロナに本店がある「パパブブレ」に行ってみました。こちらのお店は、東京でも新宿や銀座ではなく新井薬師というちょっとはずれたところにあります。バルセロナのお店も街中ではなく少し不便なところにあるそうですが、それはオーナーさんの考えで、そのお店を探してわざわざ行くことも、楽しんでほしいということだそうです。ここの飴は、葡萄《ぶどう》、さくらんぼ、パイナップル、苺などなど、いろいろな種類のフルーツ模様がメインです。その模様が本当に繊細で綺麗でかわいらしいし、味もとてもはっきりしていて美味しい。そして、さくっとした食感も楽しいのです。

店頭では、若い男性の職人さん三人がチームで飴作りをしていました。とろとろした飴の原液に様々な色を付けて捏《こ》ねてのばして太い丸太を作り、それをさらに細くのばしていく。声をかけ合ったり、高く飴を上げたりのいろいろなパフォーマンスを見せてくれて、まるでディズニーランドのようでした。どんな模様が出来上がるんだろうという興味もあって、見ていて全然飽きません。また、こちらから質問したりしても、職人さんたちは明るく朗らかに答えてくれるのです。温度や固さが難しいから集中してるところなのに、そんな感じは全然見せず、サービス精神、経験が豊かなのだと思いました。デパートなどに行って並んでいるのを買うのではなく、少し不便なところにあるお店にわざわざ足を運んで、職人さんのパフォーマンスを見て会話をして買う、そんな楽しみを味わうことができるのです。(その後、デパートにも出店しました)

「小石川金太郎飴」も「パパブブレ」も飴を愛する新旧の職人さんと触れ合って買い物ができるすてきなお店なので、ぜひたくさんの人に行ってほしいです。私は二つのお店で、合わせて三十袋以上飴を買ってしまいました。二個買いのクセが私にはあって、美味しいなと思うと、自分も食べるし、人にもあげたい。スタッフとか近々会う人の顔を思い浮かべて、ついつい買いすぎてしまうのです。いいものを見つけると、たくさんの人に知ってほしくなるんです。美味しさを分かち合いたい。そして、気に入ってくれたらぜひお店に足を運んでほしい。知らないお店、初めてのお店に行くということは「行きでいこう」にも繋がりますから。

和歌山の駅弁と宿ご飯

しばらく前（二〇一一年頃）からはまっているのが和歌山の「梅酢」。梅干しを漬けるときに出てくる液体なんですが、これがとにかく万能なのです。鶏の唐揚げをはじめ、豚の角煮やいろいろなフライ、お肉を焼くときなど、なんにでも使えます。梅酢の存在を知ったのは、ずっと好きで買っていたトマトの農家に取材でお邪魔したときのことです。和歌山ではとにかく梅干しをたくさん漬けるから、梅酢がたくさん出る。それを生かした料理を研究しているおばさまたちがいて、いろいろ教えてもらいました。

そのときに、観光協会の方とも知り合いになり、和歌山の食材を全国の方に知ってもらうためのキャンペーンの一環で、駅弁と宿ご飯のレシピを作るという依頼を受けました。不安もありましたが、仕事やプライベート（吟行で熊野古道と高野山に行きました）で何度か通ううちに、地元の魚介や野菜、金山寺味噌、秋刀魚《さんま》寿司、高野豆腐など、さらに美味しいものにたくさん出会い、その魅力を伝えたい、という気持ちが強くなり、お引き受けしました。

レシピを考えるときに大事にしたのは、地元の素材をシンプルに食べてもらいたい、ということ。そして作ったのが、駅弁は「めはり寿司弁当」と「梅ちらし弁当」。

めはり寿司はまさに和歌山の名物。いろんな具材を混ぜた白いご飯を高菜の浅漬けで巻くのが基本です。大きい口で食べるとき目が見開いたから、この名前になったそうです。このお弁当の具材は、特産のじゃことぶどう山椒をあっさり煮たのと、鰹節と梅干しを混ぜたものの二種類です。おかずは、梅酢に漬けて下味をした鯵フライに、マヨネーズと金山寺味噌のタルタル風を添えて。根菜と高野豆腐の梅干し煮は、そんなに酸っぱくなく、梅は風味程度です。それから「すろっぽ」という和歌山の伝統的な煮物風の和え物。

「梅ちらし弁当」は、焼いた鯖の骨でとった出汁に、ほぐした鯖、根菜、こんにゃく、油揚げなどを入れ、醬油と砂糖で甘じょっぱく煮た具を酢飯の混ぜご飯にしました。それに、梅干しと卵焼きを散らして。あと、生麩の照り焼き（粉山椒をふって）、里芋とししとうの素揚げなどをのせています。

宿ご飯は、和歌山県内の十軒ほどのホテルや旅館で提供されるのですが、それぞれの原価ややり方があるので、朝夜の基本の宿ご飯メニューを考えて、あとは組み合わせてもらえるようにしました。

朝食のメインは、鯵の梅酢干物。普通塩水に漬けるのを梅酢に漬けて干物にします。そのほか、卵焼きのトマトの出汁あんかけ、手作りツナとクレソンとレタスのサラダ(地元のちゃんぽん酢に、生姜をすりおろして作ったドレッシングかけ)、白和え、しらすを入れた浅漬けなど。ベースは白いご飯で食べるのですが、最後に薄い出汁とちょっとの塩で淹れたほうじ茶で、お茶漬けにします。和歌山はほうじ茶の茶粥が有名なので、その味を参考にしました。

夕食は、素材を大事にしました。地方の宿に行ったときって、手の込んだ料理より、水揚げされたばかりの魚や採り立ての野菜をシンプルに味わいたいと、いつも思うんです。料理人さんにしてみれば、え、こんなに料理しなくていいの、これでお客さんに喜ばれるの、っていう不安や心配もあるかもしれないのですが。

まず、お魚は太刀魚《たちうお》の湯上げ。昆布と塩を入れたお湯で優しく茹でた太刀魚に、サンズというレモンよりちょっとやわらかい風味の柑橘と、大根おろし、生姜おろしをたっぷりと。味付けは醤油の発祥の地らしくシンプルに和歌山の醤油をかけます。山形に行ったときにこういう調理法があり、取り入れてみました。馴染みのない魚は特に、どういうふうに調理したらいいんだろうと悩むことありますよね。甘辛く煮ようか、揚げようか焼こうか。とりあえずそのものを味わうのに、茹でるというのはいい発想だと思いました。それから、これははずせない、梅酢で味付けする鶏の唐揚げ。揚げ物はほかに、豚肉にしいたけの薄切りとホタテ一切れを入れて、梅酢で下味を付けてフライにしたもの。そして、秋刀魚の丸干しを一切れ。和歌山では有名なお土産なのですが、宿で味見して、美味しかったらお土産に買って帰ってもらえるのもいいと思いました。ほかに、アボカドと金時にんじんの和え物、大根とホタテサラダのからし酢味噌の大人バージョン、地魚のお刺身など。お鍋は三種類から選べるようにしました。酒粕鍋と熊野牛のしゃぶしゃぶと豆乳を使った白い麻婆《マーボー》豆腐風の鍋「わかや麻婆」（和歌山の山椒や食材をたっぷり使ったのでこんな名前にしました）。

宿ご飯のメニューを考えるのは、想像以上に難しかったです。普通、温泉旅館などの定番メニューを見ると、この中に煮物や天ぷら、ちょこちょこした前菜などが入ってくるんです。そんな「宿の常識」をどれくらい踏襲したらいいか、と悩んでいたのですが、地元のスタッフの方は「宿っぽくすることはなく、飯島さんらしい、家庭的なメニューでいいんですよ」と言ってくれました。だから、そのお言葉を受けて、とにかく、来てくれた人に和歌山の食材を美味しく味わってもらえるようにしようと。量も、どうしても多すぎて残してしまうことがあるのですが、一皿一皿を少なめにして、メインにいくまでにお腹がいっぱいになってしまうことがないよう気をつけました。

そして、いよいよこのメニューを宿の料理人さんたちに試食してもらう日が来ました。支配人や料理長、接客係の方など三十名くらいが集《つど》って、バイキング形式に並べられた料理を味見します。料理長さんといえば、調理場で修業してきたプロ中のプロ。受け入れてもらえるかドキドキしましたが、唐揚げはうちは豚でやりたい、いや、白身魚もいいよねなど、いろいろアイデアを膨らませてもらえたようでした。私もみなさんの宿の塩梅《あんばい》でアレンジしてもらえたらいいですとお伝えしました。

この依頼では、私は、お客さん代表としてメニューを考えさせてもらいました。地元の人というより、観光客として地元で食べられたら嬉しいな、ということを意識したのです。地元の人にとっては当たり前すぎてお客さんに出すように思っていなかった料理が、実は観光客としては嬉しい。地元で食材を買って、帰ってからも真似して作れるようなシンプルなメニュー。旅先で食べて美味しかったものって、家族にも食べさせたいって思いますよね。観光協会のホームページでレシピも一部公開されるそうですから、梅酢をはじめ、いろんな食材を買って帰って、ぜひいろいろ作ってほしいです。（現在は公開終了）

ここでは、簡単に作れる和歌山の美味しいレシピをご紹介します。

ホタテと大根の酢味噌がけ

材料（2人分）

ホタテ　2枚（拍子木切り）　粗塩　適量
大根　120g（拍子木切り）　粗塩　小さじ1／3
ラディッシュ　1個（スライス）
大葉　1枚
マヨネーズ　大さじ1／2
酢味噌　練り味噌　大さじ2
練りからし　小さじ1／2
酢　大さじ1
（練り味噌は、白味噌大さじ3、煮きりみりん大さじ2、砂糖大さじ1と1／2を合わせたもの）

作り方

1　ホタテに粗塩をふり、霜降りし、切る。切った大根に塩をふる。
2　ボウルに水分を拭き取ったホタテ、大根、ラディッシュ、大葉（千切り）を入れてマヨネーズで軽く和える。
3　器に盛り、酢味噌をかける。
※粗塩をした大根、霜降りしたホタテの水分はペーパータオルなどでしっかり拭き取る。

梅酢唐揚げ

材料（4人分）

鶏もも肉　2枚（500〜600g）
A　梅酢50cc　酒25cc
溶き卵　1個分
米粉（又は片くり粉）　大さじ3〜4
揚げ油　適量

作り方

1　鶏もも肉を食べやすい大きさに切ってボウルに入れ、Aをひたひたに注ぎ、5分浸し、ザルにあげ水分を切る。

2　ボウルに鶏もも肉、溶き卵を入れてなじませ、米粉を加えて混ぜる。
3　170℃の油で2分揚げ、5分休ませて175〜180℃にして再び2〜3分揚げて油を切る。

酒粕鍋

材料（4人分）

鍋の具
長ねぎ　1本（斜めに切る）
ごぼう　1／2本（ささがき）
油揚げ　1枚（縦半分に切ってから6〜8等分に切る）
絹ごし豆腐　1丁（4等分に切る）
豚ロース薄切り肉　12枚（または肩ロースでも可）
セリ　1束（4㎝の長さに切る）

鍋の汁
出汁　1200cc
みりん　少々
白味噌　80〜100g（和歌山のマルカ「白味噌」を使用）
酒粕　120g（ねり粕を使用）

作り方

1　鍋の汁を合わせてひと煮立ちさせる（味をみて薄口醤油や粗塩でととのえる）。
2　土鍋に具を入れて、汁を張り、お出しするときに火をつける。

漬物あれこれ

最近では少なくなったかもしれませんが、私が子どもの頃は寒くなると、各家庭でひと冬分の白菜を漬けて庭で保存したものです。うちでは、白菜を漬けるのは父の仕事でした。そして夕飯のときにそれを寒い外の倉庫に取りに行くのも父の役目でした。父の白菜漬けは大雑把で、芯のところにきちんと塩がされてなかったから、私は味が薄い芯は好きではなくて、葉っぱのところばかり食べていました。あるとき、近所の家から白菜漬けをいただいたのですが、芯のところにもほど良い塩味があって、芯も美味しいと初めて思いました。それぞれ家庭ごとの味があるんだ、ということに白菜漬けで初めて気づいたのを覚えています。

白菜漬けといえば、近くのスーパーでちょっと変わったのに出会って、はまっています。それは、ただ塩で漬けただけではなく、漬け替えを繰り返してよく熟成されていて、乳酸発酵が進んでいるので結構酸っぱくて味が深く濃いんです。でも塩分はそんなに強くない。ザワークラウトに少し似ているのでソーセージに添えてもいいかもしれません。ほかには、生の白菜代わりに鍋にするのもおすすめです。鶏スープにこの白菜漬けを刻んでたっぷり入れて、沸いたら味をみて塩を足す。他の具は、シンプルに豚バラ肉と長ねぎくらい。味に深みが出るんです。大きな白菜を買ってこなくていいから、買い物も楽だし、少人数で鍋をするときにもいいと思います。

漬物って、ひとパック買っても賞味期限内に食べきれないことが多いので、私はまずはそのまま食べて、残りそうだったら、こういうふうに鍋にしたり、ほかにもアレンジして料理に使っています。例えば、しば漬けでタルタルソース。しば漬けを刻んで、玉ねぎをみじん切り、それにマヨネーズと柑橘をしぼって。しば漬けの塩分があるので、塩は必要ありません。炒飯《チャーハン》に塩分代わりにしば漬けやたくあんを入れるのもおすすめです。食感もよくなります。

地方に行くと、郷土色豊かな漬物がいろいろあるので、ついつい買ってしまいます。秋田のいぶりがっこ。最初に食べた子どものときは衝撃だったけれど、今は大好きです。昔の東北地方のお家には土間があって、炉端《ろばた》で頭上に干したたくあんをぶら下げて作ったそうです。今は、土間のある家が減ったので、自家製のものは少ないみたいです。いぶりがっこは、最近は、飲み屋さんのつまみにもありますが、クリームチーズをのせて食べると美味しいです。スモークチーズみたいな風味で、食感も楽しめます。

京都の千枚漬けは、発酵法と酢漬け法、二種類あるのですが、私は発酵法派です。特に「村上重本店」という老舗の千枚漬けは、蕪《かぶら》を塩と昆布だけで漬けていて、とても美味しいんです。千枚漬けは日保《ひも》ちがしないし、売ってるのも短い期間、だからこそ買いたくなるんですよね。それに、あのまんまるの見た目にも、惹《ひ》かれませんか？

奈良漬けは、大人になってその美味しさに開眼しました。これもタルタルにいいですね。塩漬けした瓜《うり》を酒粕に漬けたものですが、砂糖など甘みも入ってるので、お茶請けにもなります。ほかに、酒粕で漬けるといえば、わさび漬け。静岡が有名ですが、長野で出会った味噌と酒粕で漬けた茶色い味噌わさび漬けも美味しかったです。わさび漬けは、そのうちフランス料理で使われるのではないでしょうか。今、山椒や梅、昆布がフランスでは流行っているのですが、その次にわさび漬けが来るんじゃないかな、と私は密かに思っています。

福岡の名産高菜漬けは、料理に使う代表です。ごま油と相性がいいので、唐辛子を炒めてラーメンにのせたり、あとは高菜炒飯とか。それから、お酢感覚で、野菜の煮物やスープに入れるのもいいと思います。高菜漬けは中国から来たそうですが、中国では炒め物、和え麺などに、本当によく漬物が使われています。

そうそう、カレーに欠かせない福神漬けは、東京のものだということを最近まで知りませんでした。名前は七福神が由来で、大根、なす、瓜、なたまめ、しその実、生姜、しいたけ、れんこんなどが入っています。漬物の野菜って単品のことが多いので、こんなにたくさんの種類が入ってるなんて、改めて考えると身近だけど珍しい漬物ですね。

珍しいといえば、福島の三五八《さごはち》漬け。これは、塩三合、米糀《こめこうじ》五合、米八合の床に漬けるので、三五八漬けというのだそうです。米は炊いたご飯、つまり食べ残しのご飯を使うというから、なんだかエコな感じです。

それから、山形に行ったときに、地元のおばあちゃんが漬けてくれたビール漬けというのを初めて食べました。ビールと塩と砂糖できゅうりなどを漬けるのですが、砂糖を入れることでビールの酵母がすごく発酵して、独特の美味しさでした。

各地の漬物、語り出すときりがありません。でも、漬物の代表といえば、やっぱりぬか漬け。朝の連続テレビ小説「ごちそうさん」で、先祖代々受け継がれてきたおばあちゃんのぬか床、という設定がありました。そのとき作ったぬか床を家に持って帰って、今もそのままぬか漬けを作っています。ぬか漬けは意外と手がかかるし、難しいといいますが、なかなか面白いです。「手入れをする」とは、ぬか漬けにまめに手を入れて混ぜることから来ている言葉のようです。

まず、難しいのは温度。夏は発酵がすごいので、一日二回くらいかき混ぜないといけない。忙しくて混ぜるのを忘れちゃいそうというときは、冷蔵庫に入れます。でもちゃんと混ぜるという覚悟があれば、常温で。暑いときに外に出しっ放しにしておくと、とんでもなく酸っぱくなって臭くなったりするんですけど、それに少し辛子とか鷹の爪を入れると変わる。あんなに酸っぱかったのに、今はすごくいい状態、みたいになります。なんだか、生きものを飼ってるみたいな感覚になってきます。どんどん漬かるので、食べるのも大変ですが、漬かりすぎてしまったら、塩出しして刻んで炒め物に混ぜたりと、酸っぱいのは酸っぱいなりに食べ方があります。浅漬けにすれば、サラダ感覚でバリバリたくさん食べられます。

家で漬けるといえば、私がここ数年はまっているのが、青唐辛子の糀漬け。青唐辛子と米糀と醤油を同割で漬けるだけ。漬物というより調味料の役割ですが、生野菜に付けたり、焼いた肉にちょっと付けたり、中華炒めに入れたり、冷や奴にのせたり。三年前に漬けたのは、辛い味噌みたいになっていて、とても美味しいんです。簡単で保存がきいて、食卓にあるととても便利なので、おすすめです。

日本の漬物って、本当に種類が多く、幅広く、奥深い。やっぱり、ご飯の国だからなんでしょうね。余らせるのはもったいないから、などとためらわず、余ったら料理に活用して、いろんな漬物を楽しんでほしいです。炊き立てのご飯にしらすと刻んだ漬物を混ぜるだけで、混ぜご飯になるんですから。

最後に、そんな漬物活用レシピをご紹介します。

タルタルソース

材料（作りやすい分量）

茹で卵　1個
しば漬け　50g
大葉　2枚
玉ねぎ　1／8個
マヨネーズ　大さじ7
粗塩　ふたつまみ
こしょう　少々

みかんのしぼり汁　大さじ1／2　※なければレモン汁でも。

作り方

1　茹で卵、しば漬け、大葉はみじん切りにする。玉ねぎはみじん切りにして水にさらし、水気をしぼる。

2　ボウルに1を入れて、マヨネーズ、粗塩、こしょう、みかんのしぼり汁を加え混ぜる。

白菜の漬物鍋

材料（4人分）

白菜の漬物　300g（ちょっと酸っぱい白菜漬け。なければ普通の白菜漬けに酢大さじ1を加える）

豚薄切り肉（バラや肩ロースなど）　250g

かき　200g

春雨　50g

長ねぎ　2本

わけぎ　3本

生姜　1片

豆腐、にら、きのこ類（具材）　好みで
腐乳、豆板醤、香菜（薬味）　好みで
鶏スープ　１５００cc
粗塩　小さじ２

作り方

１　白菜の漬物は食べやすい大きさに切る。豚肉は半分の長さに切る。かきは水洗いし、汚れを落とす。春雨はぬるま湯で戻し水分を切る。長ねぎは斜め薄切り、わけぎは小口切り、生姜はせん切りにする。
２　わけぎと生姜は薬味皿へ、その他の食材は鍋の具として盛りつける。
３　食卓で土鍋に鶏スープと粗塩を入れて沸かし、具材を入れる。好みで薬味を添えて食べる。
※鶏スープは５００cc程度残しておき、味が濃くなったら足しても。
※顆粒鶏出汁の場合は塩を控えてください。

出汁は深い

和食の基本は、やっぱり出汁だと思います。最近は、顆粒やパックの出汁もいいものがたくさんあるので、必ずしも毎日自分でとらなくてもいいのかもしれないけれど、ちょっと気合いを入れて「今日は和食を作るぞ」というときには、ちゃんととってほしいと思います。出汁を一からとると、まず香りが部屋に充満します。お客さんが部屋に入ったときに、軽やかで美味しそうな香りが、食欲をそそるんだそうです。湯気がふわっと上がって、ただのお湯が出汁に変わっていく、そういうのを見て、匂いで感じるだけで、和食の美味しさ、喜びが味わえると思います。

私はプライベートでもお仕事でも、必ず出汁はとります。基本のとり方は、まず昆布を水に入れて三十分以上おいてから弱めの火でじわじわ温めます。時間があるときは60℃くらいで三十分ほど煮出します。そして必ず味見をします。

昆布を取り出して、85～90℃前後で鰹節を入れ、二～三分でこします。

きちんと出汁をとっていると、それだけで美味しいからシンプルに料理を仕上げられます。そして、一口に出汁と言っても、煮干し、鰹節、昆布に始まって、精進料理用の干ししいたけ、大豆、小豆、そして生の野菜からとる出汁まで、いろいろあるのです。

そんな出汁の深い世界を改めて勉強したいと思い、築地に出かけました。場外で目についたのは老舗の乾物屋さん「寿屋商店」。場内で魚屋を始めて六代目、この場外のお店は六十年あまり経っているそうです。店頭には、煮干し、焼干しだけでも、鰯に始まって、小鯛、アゴ、のどぐろなど、たくさんの種類が山盛りです。ここのご主人には、煮干し、鰹節、昆布の「家族の組み合わせ」が大事だということを教えてもらいました。例えば、四回以上カビ付けした本枯れの鰹節がお父さんだとすると、お母さんは昆布、もうちょっとプラスしたいときは煮干しを少し。九州の方だと、ここぞというときにはアゴの煮干しがメインでお父さん、昆布がお母さんで、プラスアルファの部分では本枯れでなくて荒節という、カビ付けしないで作る、優しい鰹節。出汁というのは強弱の組み合わせで、何を引き立たせるかっていう優先順位のような、相乗効果が大事。どれも強すぎるとケンカしてしまうのだそうです。

また、片口鰯のオーソドックスな煮干しでも、値段にとても差がありました。ご主人が「良し」としているものでも、五百グラム千百円、千四百円、千七百三十円と三段階。一番安いの（とはいってもいいお値段）でも美味しかったけれど、苦みだとか塩分がちょっと感じられるような、でも煮干しってそういうものかな、という味でした。ところが、ご主人が「九十点以上」と太鼓判を押す高い煮干しは、旨味が強くて、イヤな苦みや塩分をまったく感じません。しかもこれは水に三時間浸けるだけで出汁がとれるそうです。ぶよぶよに伸び切る前に取り出して、生姜と梅や、生姜と醤油で甘辛く煮たりできるのです。鰹節は出汁をとったあとにふりかけを作ることはあるけれど、煮干しをそういうふうに再利用したことはあまりありませんでした。今度、自分なりのレシピで試してみたいと思います。いい煮干しは、苦みがないから頭や腸《はらわた》を取らずに使えるので、結局安い煮干しより美味しいだけじゃなくお得なんだよ、とご主人は言っていました。

煮干しは、野菜などと一緒に煮てしまえば取り出す必要がないので、そこも便利。例えば、切り干し大根とにんじんと小さいいりこを一緒に水から煮て、あとは醤油と砂糖で味付けするだけ。そして、いりこも一緒に食べてしまえばいいんです。ひじきといりこを一緒に煮てもいいですね。

また、出汁をとるにも煮干しが一番扱いやすいと思います。せっかくだからちょっといい煮干しを昆布と一緒に一晩、水に入れてから火にかけます。沸騰直前に昆布を取り出して、煮干しは入れたままにしておくなら、ぐらぐらさせず、火を弱めてコトコトと。その煮出す時間は味をみて決めます。結局出汁をとるときはその都度味をみないと、ちゃんととれてるかとれてないか分からないんです。昆布も種類によって、前に買った昆布は結構出たけど、今回は出るのが遅いな、というのがあったりします。そうしたらもう少し浸し時間を長くしたり量を増やしたりした方がいい。煮干しと昆布でとるときも、沸かす前に飲んでみて、そのままこして使えるかもしれないし、一回沸騰させてこした方がいいという場合もあります。とにかく、煮干しや昆布、鰹節の種類や状態によって違うので、味見が大事です。そして、いいものを使えば絶対美味しくできるので、いいもの、自分好みのものを探すことも大事だと思います。

乾物屋さんに続いて向かったのは、鰹節の「秋山商店」。ここでは店頭で削り立てを買うことができます。木箱にふわっふわの削り節がたっぷり入っていて、外国人の観光客が興味深げに味見させてもらったりしています。

血合い抜きと血合いの入った削り節が並んで置かれているのですが、色からしてかなり違います。私も味比べをさせてもらいました。血合いがあると、酸味が感じられるけど、力強い旨味、コクがあります。お味噌汁など普段使いにはこれで十分美味しい。スーパーで一般的に手に入る花削りなどは血合い入りです。血合い抜きは少し高いのですが、透き通るような繊細な旨味を感じます。お吸い物とかお正月のお雑煮とか、上品に野菜を炊きたいときなど、特別なものを作りたいときはこちらがおすすめです。築地では五百グラム単位で鰹節を買うことができるので、大量に作る撮影のときなど重宝しています。余った分は空気を抜いて冷凍すれば、削り立てに近い状態で使えます。常温で保存すると、特に血合いのあるのは酸化して酸っぱくなってしまうし、色も削り立てのピンクから黄色というか茶色っぽくなってしまいますから、ぜひ冷凍保存してください。

鰹出汁をそのまま飲むというのも、最近流行っているみたいですね。「飲む出汁」のティーバッグなどもよく見かけます。鰹節・出汁の老舗、日本橋のにんべんの「だし場」では、一杯百円ずつで鰹出汁と鰹昆布出汁を飲むことができるんです。飲み比べると、鰹出汁に昆布をちょっと入れただけで、全然違うのが分かります。相乗効果ですね、旨味がわーっと増える感じです。また、塩や醤油を自由に入れられるのですが、これもちょっと塩を足すだけでぐっと分かりやすく美味しくなる。塩分もとれるし、夏場にお茶代わりに飲んでもいいと思いました。

本格的な精進料理では、魚介類は一切使わず、昆布のほかに干ししいたけ、干瓢《かんぴょう》や豆類から出汁をとります。お米を炒《い》って、出汁を煮出したあとに追い鰹みたいに香り付けで入れたりすることも。干し野菜はかなり旨味があっていい出汁が出るのです。

特に切り干し大根の戻し汁は甘味料にも使えるくらい甘いし、干ししいたけは時間をかけて戻すと、汁はもちろんしいたけ自体ものすごく美味しくなります。干し野菜は旨味が凝縮されているんですね。精進出汁で野菜を炊くと、魚介の出汁で炊くよりも素材の旨味、甘みをひき出してくれると思います。また、ごまやくるみと味噌をすって精進出汁でのばしてうどんのたれにすると、とても美味しいんです。

以前、けんちん汁の出汁比べをしたことがありました。鰹昆布出汁と昆布だけの出汁でけんちん汁を作りました。同時に食べると、鰹昆布出汁の方が旨味が強いから一瞬、こちらの方が美味しいと感じます。でも食べすすめると昆布だけの出汁の方が、だんだんに野菜自体の味が感じられるようになって、大根の甘みやにんじんの味がはっきり見えるようになるんです。鰹昆布出汁だと全体が美味しくなってるけど、昆布だけの方が野菜の旨味が一つ一つ感じられるように思います。乾物屋さんのご主人が言うように、なんでもかんでも旨味を強くすればいいってものじゃないんだな、ということが分かりました。その時々で作りたいイメージを考えるのも大事です。美味しさをひき出すのは「相性」なんですね。

出汁は乾物からとる、というのが常識だと思っていましたが、実は生の野菜からとることもあるのを最近テレビで見て知りました。それは、じゃがいもで出汁をとる長じゃがいもを三、四個、水をたわしで土を落としてから、皮付きのまま丸ごと茹でるのです。ポテトサラダを作るように。火が通るまで三十分くらい茹でたら、じゃがいもを取り出して（それはそれで別に使います）、その茹で汁に醤油とみりんを入れてうどんのつゆにして食べるんです。確かにじゃがいもの茹で汁は土っぽいというか、独特の風味、香りがありますが、茹で汁を出汁にするのは私にはかなりのインパクトでした。調べてみたら、その茹で汁を出汁として味噌汁を作る人もいるそうです。油揚げと玉ねぎを入れて、卵でとじたりして。美味しそうですね。また、アスパラガスも出汁になるんです。あるとき京都の料理屋さんでご主人に「これなんの出汁だと思う？」と飲ませてもらったのが、鰹でもないし昆布でもない、飲んだことがないけどすごく旨味があって美味しかった。それは、ホワイトアスパラガスの皮の固いところを削って煮出した汁でアスパラ本体を茹でて、その茹で汁に塩をちょっと入れたものでした。その汁（アスパラの皮を煮出した旨味の汁）でアスパラを茹でると、アスパラの旨味が逃げず、逆にアスパラに旨味が戻るようでとても美味しいのです。それを知って以来、リゾットに入れるときなど、旨味が出やすいよう斜めに切って生のまま入れて、アスパラの味を引き出すようにしています。

出汁といっても、本当に種類はいろいろ。昆布と鰹と決めつけないで、いい煮干しを水に浸しておくだけとか、いりこにしてみようとか、干し野菜の戻し汁、野菜の皮やヘタを出汁にするとか、気軽にいろいろ試してもらいたいです。そうそう、小さな瓶に醬油と鰹節、昆布の小さいのを一枚入れておくと、即席出汁醬油ができます。キンピラを作るときなどにちょっと入れてみると、簡単に旨味が加わります。わざわざ鰹出汁をとって加えなくても、それでいいんです。冷蔵庫に入れておけば結構保ちます。そういうことから、出汁を身近に感じて、自分でとることを億劫がらずにやってみるのもいいと思います。

合わせ出汁のとり方

材料（作りやすい分量）

鰹節　15〜20g（濃いめは25g）
昆布　約5g
水　1000cc

作り方

1　鍋に水と昆布を入れて30分おく。

2　弱めの中火にかけて、沸騰寸前（70～80℃）で昆布を取り出し、85～90℃になったら、火を弱め、鰹節を加える。アクを取り、火を止めて、1～2分経ったらこす。

煮干し出汁のとり方

材料（作りやすい分量）

昆布　5g

煮干し　20尾

水　1000cc

作り方

鍋に水と昆布と煮干しを入れて3時間おく。

豆腐のあんかけご飯

材料（2～3人分）

絹ごし豆腐　1丁
合わせ出汁　500cc（昆布と鰹節）
粗塩　小さじ1
水溶き片くり粉　片くり粉　大さじ1
　　　　　　　　水　大さじ2
卵　2個
茹でた小松菜　適量
おろし生姜　適量
ご飯　茶碗2〜3杯

作り方

1　鍋に出汁、粗塩、短冊にした豆腐を加える。沸騰したら、水溶き片くり粉でとろみをつける。小松菜、溶き卵を加え混ぜる。

2　お茶碗にご飯をよそい、1をかけて、おろし生姜を添える。お茶漬け感覚で。わさびや粉山椒などをのせても。

煮干しの梅煮

材料（作りやすい分量）

出汁をとったあとの煮干し　20尾
煮干し　2尾
A　水　150cc
　薄口醬油　大さじ1
　砂糖　小さじ1
　梅干し　1個

作り方

鍋に出汁をとったあとの煮干しと煮干し、Aを入れて、弱火で煮汁が少なくなって味がなじむまで煮る。

鎌倉、しらす、映画の現場

腰越散歩

四月のとある平日。十時少し前に新宿出発の湘南新宿ラインに乗って、鎌倉に行ってきました。お目当ては、腰越《こしごえ》のしらす直売所「金子丸」。私がフードスタイリストとして参加した映画「海街ｄｉａｒｙ」で、「しらすトースト」用のしらすを購入していたところです。

湘南新宿ラインの快適なグリーン車（しかも二階）で、一時間ほどで鎌倉に到着。平日というのに、なかなかの人出で、外国の方もたくさんいました。まずは、駅からほど近い「鎌倉中央食品市場」へ。ここは、鎌倉に来たら必ず寄ります。いつも、着いたばかりなのにいろいろ買って荷物になってしまうのですが、閉まるのも早いと思うので、ついついあれこれ買ってしまいます。ここでは、来るたびに「これなんだろう？」という知らない野菜を目にすることができます。今回も、初めて生の高菜を見つけて買いました。これは、炒め物とかスープにしたら美味しそうです。ほかにも、季節柄、葉野菜の種類が豊富でした。味は普通のサラダ菜とそんなに変わらないそうですが、色や形がいろいろで、見た目がお洒落《しゃれ》。鎌倉は野菜をたくさん使ったフレンチやイタリアンのお店が多いから、そういうところで需要があるのでしょう。皮付きの掘り立てのたけのこもたくさんあったのですが、さすがに重すぎるので、我慢。

　知らない野菜の食べ方などをお店の人と気軽に話せるのもここの楽しいところ。入り口には乾物屋さんもあって、そこのご主人もなかなかの話し上手、すすめ上手で、ホタルイカの煮干しと干物を購入。煮干しは初めて見たんですが、ご主人に「里芋と煮ると簡単で、美味しぃよ！」「お酒に漬けるだけで塩辛みたいになるよ！」「ほかにもいろいろ使えるよ！」と大プッシュされ……。確かに、高菜と一緒に炒めてみたり、刻んでオリーブオイルに漬けてアンチョビ風にしたり、ご飯に炊き込んでもいいかもしれない、といろいろイメージが広がりました。

　腰越には、鎌倉から江ノ電に乗って向かいます。小さな駅に降りると、さっそく「今日は、生のしらすが入ってますよ。生しらす丼ありますよ」とカフェのおじさんがチラシを配っていました。海辺にある金子丸さんへ行く道すがらも、あちこちに「生しらす」「しらす丼」の幟《のぼり》がはためいていて、〝しらす心〟が高まります。私は本当にしらすが好きで、スーパーに行くと、まず魚コーナーでしらすを買います。冷蔵庫にしらすがないと不安なんです（ちなみに、ほかに必ず冷蔵庫にあってほしいのは、キャベツ、もやし、納豆）。

映画「海街ｄｉａｒｙ」は吉田秋生さんのマンガが原作。鎌倉に住む、家庭的にちょっと複雑な四姉妹の物語で、鎌倉の美味しいもの、四季折々の街の情緒なども映画では重要な役どころ。金子丸では、撮影用のしらすを買っただけでなく、実際にロケもさせてもらいました。四女のすずちゃんが、お家がしらす漁をやってる同級生を手伝う、というシーンです。

ご主人の金子幸雄さんにお話をうかがいました。

しらす漁は例年三月十一日に解禁になるそうです。毎朝五時半から八時くらいまで漁をして、釜揚げは捕ってから四時間以内にしないと美味しくできないそう。作業場に備え付けの大きな釜に入れて、二分で上げる。そして、網にならして、手作りの竹の道具でふんわりかき混ぜるのだそうです。以前、残った生しらすを翌日に釜揚げにしてみたのですが、べたっとしてしまい全然美味しくできませんでした。今度は、「新鮮なうちに」「二分で」に気をつけて、上手に作りたいと思います。しらすがたくさん捕れた日は、生、釜揚げ、ちりめん、たたみ鰯と、いろいろに加工。しらす好きな私としては、毎日しらすに囲まれて羨ましい限りなんですが、「あんまり食べないねえ」と金子さん。釜揚げが上がったら一口つまむくらいだそうです。

お土産に腰越で採れる「アカモク」をいただきました。これは、メカブの一種で、メカブより粘りが強くて私は好きです。映画でも朝ご飯のシーンに出そうとしたのですが、季節が合わなくて、秋田から取り寄せました。秋田では「ギバサ」と呼ばれて、よく食べられています。私は出汁醤油をかけますが、秋田では酢醤油をかけてご飯にのせて食べるそうです。「ご飯に酢醤油？」って一瞬思いましたが、試してみたらさっぱりしていて美味しかったです。

お昼は絶対しらす丼！　というわけで、金子さんに地元でおすすめの「しら川」というお料理屋さんを教えてもらいました。しら川さんに向かう途中、「展望台からの海の眺めが最高だよ」ということで、小動《こゆるぎ》神社に寄り道。こぢんまりした神社の境内の隅に小さな展望スペースがあり、漁港、江の島、そして海が見渡せて、長閑《のどか》で気持ちいい風景でした。

しら川でお昼ご飯にいただいたのは、「生しらすと釜揚げしらすの二色丼」と、「しらすのかき揚げ」。どちらも本当に美味しかった。その日に捕れた新鮮な生しらすは苦みがなくとろっとして、釜揚げしらすはふわっとして優しい味。そして、かき揚げは生しらすを揚げたものだそうで、外はサクサク中はふんわり。ご主人によると、油がはねて火傷《やけど》が大変だけど、かき揚げは生しらすに限るのだとか。スプーンにご飯、釜揚げ、生、かき揚げのしらすを少しずつのせて一口でぱくっと食べたら、とろり、ふんわり、サクサクの食感も楽しい、ぜいたくで美味しい一口三色丼になりました。

大満足してお店を出て、腹ごなしがてら、近くにある「鎌倉山納豆」の本店へ。この納豆は私がいつも東京のスーパーで買っていて、冷蔵庫に必ず入ってるお気に入り。お店の二階の工場で毎日作っているのだそうです。大粒、小粒納豆各種はもちろん、ドライ納豆などなど、あれこれ買ってしまいました。

金子丸に行くために江ノ電を降りた腰越、普通だったら通り過ぎちゃうけれど、とてもいいところでした。美味しいしらすはもちろん、小動神社の展望台からの眺めもよかったし、お気に入りの納豆も買えました。道端にある小さな魚屋さんでは、ショーケースに美味しそうな魚のお惣菜がいろいろあって、ミニミニ鯵フライを買って、おやつ代わりに食べ歩きしてしまいました。漁港のすぐ近くには漁協があり、基本的に第一、第三木曜日の朝十時から（季節によって異なります）朝市も開かれるそうで、かなり惹かれます。また、七月には小動神社のお祭りもあって、御神輿《おみこし》が海を練り歩くのだそうで、それも見てみたい。腰越は、鎌倉駅周辺に比べたら、人も少ないし、穴場かつ充実のお散歩スポットですね。

常に家の冷蔵庫に入っているしらすですが、定番の「しらすおろし」のほかに、私はいろいろ料理します。

「しらすの卵とじ」

ほうれん草などの野菜としらすを、出汁と薄口醬油を入れた汁でさっと煮て、卵でとじる。

「トマトと卵炒めのしらす入り」

中華料理によくあるトマトと卵の炒め物にしらすをプラス。

「しらすご飯」

炊き上がったご飯にしらすをパッと入れて、梅肉と混ぜるだけ。

「しらすの揚げ焼き」

しらすと新玉ねぎの薄切りを混ぜて、薄力粉をまぶして水を加えて混ぜる。かき揚げまでいくと大変なので、少し多めの油で揚げ焼きに。

「しらすとキャベツと納豆のサラダ」

キャベツのせん切りに納豆としらすを加え、出汁醬油やポン酢、オリーブオイルをかけて、混ぜる。そして海苔をかける。ボリューム満点のサラダです。

「しらすの海苔巻き風」

海苔に玄米（最近多めに炊いて小分けにしてます）を広げて、その上にしらすを置いて、巻くのではなくてただ折る。それを食べやすい大きさに切って磯辺焼きみたいな感じで。忙しい朝にいいですよ。

映画の現場

私がフードスタイリストとして初めて映画に参加したのは「かもめ食堂」です。その後、いろいろな作品に呼んでいただくようになりました。「海街diary」の是枝裕和監督とは、映画「そして父になる」、連続ドラマ「ゴーイング マイ ホーム」に続き、三度めのお仕事でした。先にも書いた「しらすトースト」のほか、「ちくわカレー」「引越し蕎麦と鎌倉の季節野菜の天ぷら」などを作りました。

「しらすトースト」は、簡単なようで、実はかなり試行錯誤したのです。まず、トーストを焼いてバターをうっすら塗る。オリーブオイルをさっとかけて軽く混ぜた釜揚げしらすをトーストにのせて、もう一回トースターに入れて三十秒くらい温めて、せん切りの海苔をかける。しゃべりながらしらすトーストを食べる、というシーンだったのですが、最初にただしらすをのせるだけで試してみたら、ふわふわしたしらすがぽろぽろ落ちてしまったのです。それでは演技をしながら食べるのは難しい。そこでオリーブオイルをまぶしてみたら、しらすがまとまって落ちにくくなりました。しらすにフレッシュなオリーブオイルの風味が合って美味しく、香りもいい。

当然ですが、原作マンガに「しらすトースト」のレシピは出てきません。監督からも特にリクエストはなかったので、私が自分で想像して考えます。見た目もよく、食べて美味しいのはもちろんだけど、映画の中での演技も考えて、ただ美味しいものを作ればいいというわけではありません。試作はマヨネーズやマスタードでもやってみましたが、マヨネーズはしらすには強すぎて。こしょうをひいてみたりもしましたが、海苔との相性がよくなかった。辿り着いた、オリーブオイルをひとたらし、っていうのが、ただ焼いたパンにしらすをのせたというわけでもなく、トーストとしての料理が完成したように思います。

映画の仕事では自分のレシピ本での料理とは違って、原作があるので、その世界に合った料理を作ることを心がけています。特に「海街ｄｉａｒｙ」や、ドラマと映画にもなった「深夜食堂」などは原作がマンガなので、ビジュアルイメージもある程度ついているので、食器からかなり気を遣います。普通の家庭の食卓にいかにもありそうな食器って、探すと意外とないんです。お洒落なものを探す方が簡単。だから、リサイクルショップや古道具屋さんなどで、いかにも昭和の雰囲気のお鍋とか、お皿、コップなど見つけると、つい買ってしまいます。

「深夜食堂」のときは、「深夜食堂」のマスターが作るんだったらどうするかな、というのを考えてレシピを作りました。お酒を飲む人を相手にしてるから、多少酔っても美味しいって思えるように、旨味を強くしたり、ちょっと塩分濃い目にとか。甘い味付けは控えたり。レシピ本も出版しましたが、それも「飯島奈美」のではなく、「深夜食堂のマスター」のレシピ、味付けをイメージして作りました。

映画の現場は、ライブ感覚、とにかく現場の様子を見て臨機応変に対応しないとなりません。「海街ｄｉａｒｙ」では、江の島の食堂での撮影が特に印象に残っています。鰺フライにソースをかけて一口食べる、というシーンだったのですが、テイク数をかなり重ねたんです。二十カットくらい撮ったのではないかと思います。鰺フライを揚げ立てで出さないといけないので、「今、揚げておこうかな」「まだ早いかな」など、様子や雰囲気をうかがってタイミングを図ります。数に限りがあるので無駄にしたくない。五回分の準備で大丈夫です、と言われていても、理想のシーンが撮れるまで続けないといけないので、足りなくなる可能性もある。私は、何回くらいやるんだろうなと思いながら、常にベストなタイミングで出せるように揚げ続けます。役者さんもスタッフも忍耐強くやっているのだから、料理で待たせたくないので、とにかくタイミングよく、と心がけます。当然ですが、スタジオでのレシピ本などの撮影と違って、自分のペースではできません。「できたから撮ってください」というわけにはいかない、常に現場次第です。そして、演技とはいえ実際に食べてもらうので、美味しく食べてほしい、といつも思っています。熱すぎずにいい温度で出す、麺なら少し短く切ることも大事です。

コマーシャル、書籍、雑誌、映画をはじめ、幅広くお料理の仕事をしてきました。どの現場でも心がけているのは「楽しんで作る」ということです。料理があるところはなごやかなところであってほしいな、と思います。自分がばたばたしていても、慣れない現場で大変だなと思っても、常に楽しむ気持ちを忘れずに、みんなに美味しい、ホッとすると言ってもらえる料理を出そうと思っています。

しらす丼をいただいた「しら川」のご主人はすごく楽しそうにお料理をしていました。あれこれ質問すると喜んで答えてくれました。給仕していた女性も、いろいろ理解して共有している感じで、美味しかったのはもちろん、とても心地いい空間でした。

私は出していただいた料理が美味しいと思ったら、「すごく美味しいです」と、伝えるようにしています。お店で美味しい料理を出すことは大変な努力があると思うので、感謝を忘れないようにしたいですね。

韓国の美味しい話

数年前の七月半ば、二泊三日の弾丸で、韓国・ソウルに行きました。「ソウル国際フードフィルムフェスティバル」というイベントが開催され、私がフードコーディネートを手がけた「深夜食堂」「かもめ食堂」も上映されるということで、ゲストとして呼んでもらったのです。

初日は、オープニングセレモニーに出席。いわゆる「レッドカーペット」のようなところを歩いて、韓国の芸能人や映画監督たちと一緒に、ステージで挨拶をしたりして、華やかな世界を少しだけ体験。日本でも話題になり、私も観て感動した映画「国際市場で逢いましょう」の監督、ユン・ジェギュンさんもいました。

二日めは、トークショー。お客さんが来てくれるのかな、と少し心配だったのですが、百人くらいの方がいらしてくださいました。金曜の昼間だったのですが、「会社を休んで来ました」「かなり遠くから来ました」などと言ってくれる方もいて、驚きつつも、嬉しかったです。みなさん、私の仕事をよく知ってくれていて、いろいろな質問をいただきました。中でも、「どうしたら癒す料理を作れるんですか？」「料理で

癒すってどういうことだと思いますか？」という質問には、一瞬答えに窮してしまいましたが、

「忙しく働いていたりすると、食事が疎《おろそ》かになりがちだけど、そういうときに、料理が美味しそうな映画を観て癒されたり、こういうものを食べたいな、と、ちゃんとご飯を食べるきっかけになったりして、そこから癒されていくのかもしれないし、そうであってほしいです」

と、答えました。

また、「今、韓国では食べ物のテレビ番組がブームで、それは『深夜食堂』など、日本の番組の影響もあると思いますが、その点についてどう思いますか？」と、記者さんから答えづらい質問が。それには、このようにお話ししました。

「確かに日本では『かもめ食堂』あたりから、料理を扱った映画が増えているし、ブームと捉《とら》える人もいるかもしれません。でも、料理っていうのは、ブームではなく、ずっとずっと続いていかないといけないものだから、やるべき方にやってほしいと思います。流行りものっていうのは必ず廃れるし、食べ物に関しては、それはよくないことだと思うんです。だから私は、ブームっていう言い方は、あまり好きではありません」

日本では、たくさんの人の前で自分の想いを伝える機会があまりないので緊張しましたが、今回、質問に答える形で、自分の気持ちを確認することができたように思います。

二泊三日ではありましたが、たくさんの美味しいものを堪能しました。

まず、初日のお昼ご飯は「韓定食」。いわゆる韓国の家庭料理のおかずが二十種類ほど、テーブルの上に次から次へと、置ききれないくらいのせられていきます。おからと豚肉を煮た鍋、豚肉の生姜炒め風、チゲ、かぼちゃの和え物、ケジャン、はたた、キムチ、唐辛子とにんにくの醤油漬け、チャプチェ、茹で卵とりんごのマヨネーズ和え……。とにかく幅広い。そして、テーブルの隅には、いわゆるサンチュ的な葉もの野菜がどっさり盛られたカゴが。野菜に、ご飯、おかず、味噌をのせて、巻いて食べるのです。

夜は豚足専門店へ。豚足と言っても、日本で食べる豚足のように足の爪まわりだけでなく、「脚」の肉の部分まであります。いかにもお肌によさそうなゼラチン質のプルプル食感と、ほっとする醤油味です。これにも生野菜がどっさり付いていて、ニラキムチやいろんな薬味と一緒に巻いて食べます。野菜は空になると、どんどん追加してくれます。

二日めの夜は、まず晩ご飯前に、通訳をしてくれた友人おすすめの、お饅頭を食べに行きました。「ぜひ食べてほしい」ということで、わざわざ途中下車して人気の饅頭専門店「カルコメ」へ。皮はもちもちしていて餃子と中華饅の中間の食感、中身は肉饅のあんがたっぷり入った、中ぶりのお饅頭です。四個で三百円と値段もリーズナブル、おすすめなだけあって、とっても美味しかった。

そのあとまた電車に乗って、鶏の鍋「タッハンマリ」専門店で、発祥のお店と言われている「チンオクファハルメ」へ。そこでは、丸のまま煮込まれた鶏とスープが入って、あとは温めるだけの状態の鍋があらかじめテーブルにセットされています。席に座ると店員さんが来て、鶏を食べやすく切ってくれます。スープにはちょっとにんにくも入っているけど、基本塩味、参鶏湯《サムゲタン》みたいな感じです。追加でえのき、ねぎ、トックなどにナツメや朝鮮にんじんを足して、刻んで練った唐辛子とお醤油とお酢を同割でタレを作って付けて食べます。鶏が一羽丸ごと煮られているので、肉がしっとりしています。スープにも旨味が染み出ています。締めにうどんを入れて、美味しく完食。私たちは最後まで透明の汁で塩味の鍋でしたが、お会計で席を立って、周りの地元の人たちを見てみたら、キムチやタレを直接鍋に入れたりして、お好みでいろんな味にしていて、もう一回食べたくなりました。

最終日の朝ご飯。ホテルを九時半に出発しないといけなかったので、朝早く二十四時間営業のあんこう専門店に行きました。ヤンニョムで味付けされた蒸したあんこう（乾燥ほやも入ってました）と茹でキャベツを、生の唐辛子をかじりつつ食べたり、やっぱり生野菜に巻いて食べたり。これもゼラチン質で、見た目ほど辛くなく、味噌の旨味とほんのりした甘み、たっぷりのシャキシャキもやしがよかったです。それから、美味しかったのが、かに味噌と生卵と韓国海苔をご飯に混ぜて食べる、かにご飯。さらに締めに、蒸しあんこうの残り汁をご飯に入れてくれて、お腹いっぱいなのに、美味しくて完食してしまいました。

今回改めて思ったのは、韓国の料理店の特徴は「専門店」であるということ。日本の居酒屋みたいに、お刺身から、天ぷら、揚げ物、鍋、丼ものなど、なんでもあるというお店は少ないようです。豚足専門、あんこう専門、タッハンマリ専門、参鶏湯専門……。やはり、その味だけを追求しているから、美味しい。そして、面白いのが、豚足専門店ばかりあるエリア、タッハンマリ専門店ばかりあるエリアなど、専門店ごとにエリアが集中しているということ。お目当ての店が満席でも、すぐ近くで食べられるので、がっかりすることがありません。

また、韓国料理のお店では、どんな料理にも必ず大量の野菜、サニーレタス、エゴマ、茹で白菜、キムチなどが添えられていて、とにかくなんでも野菜で巻いて食べます。なくなったら、どんどん追加を持ってきてくれるから、野菜をたくさん食べられる。だから、お腹いっぱいになるまで食べたよね、と言っても野菜がかなり多いので健康的。サイン会に来てくれた女の子たちがみんな肌が綺麗でスリムだったのは、やはり毎食生野菜と発酵食品のキムチを大量に食べる食生活が美容にいいということなのかな……、と思いました。途中立ち寄ったスーパーマーケットでは、葉もの野菜の売り場がとても充実していました。葉ものが一枚一枚はがされて重なっていて、細かいミストシャワーがかけられていて、とてもフレッシュ。「バラ売り」で、自分でいろんな種類を好きな枚数取って、レジに持っていくというシステムなんでしょうね。新鮮な葉ものをいつでも必要なだけ買える売り場は、理想的です。

和食でも、納豆や漬物で発酵食品はとれるけど、たくさんの生野菜を食べるのはなかなか大変です。焼き肉ではお肉をサンチュで包んで食べますが、それ以外では野菜でおかずを巻いて食べるって発想はあまりありません。日本の食卓でも葉もの野菜を置いて、いろんなおかずを巻いて食べたらいいと思いました。

日本に戻って、韓国料理熱が冷めやらぬうちに、炎天下の新大久保に行ってきました。下火になったとも言われていますが、韓流ブームは相変わらずのようで、「イケメンストリート」と一部で言われている大久保通りは、両サイドに韓国料理店がびっしり。ただ、焼き肉も参鶏湯もチヂミも、ビビンパもチャプチェも食べられる、日本の居酒屋スタイルのお店が多くて、専門店は少ない感じでした。目についたのは、「フライドチキン」の文字。最近大人気の、韓国式フライドチキンで、衣の味付けがスパイシーで、さらに辛いタレを付けて食べるそうです。ソウルにもフライドチキンのお店がたくさんありました。通訳の女性に「今日は、何にしますか？　フライドチキンおすすめですよ」と言われましたが、せっかく韓国に来てフライドチキンは……、と断ってしまいました。でも、いつでも新大久保で食べられるので、今度試してみようと思います。

まず最初に立ち寄ったのは、大久保通りの「ソウル市場」というスーパー。観光客もよく訪れるお店で、いろんな種類のキムチや発酵食品の試食があったり、屋台風のホットクやチヂミのお店もあって、楽しいです。目の前で焼いてくれる二百円のミニ海鮮チヂミを食べましたが、熱々で美味しかった。

ここでは、珍しいものを買いました。まず、「サボテン茶」。はちみつみたいなとろっとした液体状のもので、サボテンの実ほぼ百パーセント。柚子茶みたいにお湯や水で溶いて飲むそうです。くせのない優しい甘みで美味しいんですが、この効能を読むと、すごい。ノドによく、風邪をこじらせて咳が止まらないとき、ぜんそくにも効くし、鼻炎、胃炎、肝炎など体内の炎症を抑えたり、便秘にもよく、利尿効果もあって、むくみにもいい……。ボトル入りと小分けパック、両方買ったので、持ち歩いて飲んで、効果を実感したいと思います。もう一つ買ったのは、「自家製マッコリセット」。やわらかいポリタンクのような容器に、もち米、うるち米、酵母、紫芋が入っていて、ここに水を入れ、よく混ぜます。温度や発酵日数の加減によって、度数が調整されるようです。容器が透明だから、発酵の過程が見られるのも面白いので、実験的な気持ちで作ってみようと思います。

次に行ったのは職安通りに面したスーパー「韓国広場」。ここは、撮影用の食材調達のために、よく利用するお店です。生の青唐辛子や、季節外れの果物や野菜が必要になったときに、重宝しています。韓国から仕入れている食材も多く、東京では手に入りづらいものを見つけることができます。また、私はここの自家製キムチが好きなんです。日本のスーパーで売っているキムチは、旨味や塩味が強くてたくさん食べられないけれど、ここのは、韓国の料理店で出てくるのと近い味で、薄味であっさりしています。たくさん食べられるので常に冷蔵庫にキープ。少し古くなったら、炒め物や鍋にしたりしています。そのキムチはもちろん、初めて見つけた「酢コチュジャン」などを買いました。

試食コーナーでは、「今日は参鶏湯を食べる日なんですよ」と、肌の綺麗な韓国人のお姉さんが言っていて、レトルトパックが十パーセント引きになっていました。韓国では、日本の土用の丑《うし》の日のように、夏バテ防止に参鶏湯を食べる習慣があるそうです。

というわけで、大久保通りの、韓流ブームになるずっと前からある老舗韓国料理店「オムニ食堂」に行って、参鶏湯、コムタンスープ、そして海鮮チヂミを食べて帰りました。

蛸ときゅうりの和え物（酢コチュジャンを使って）

材料（2人分）

きゅうり　2本

茹で蛸　130g
わかめ　40g
春雨　35g
A　酢コチュジャン　大さじ1と1／2
　　マヨネーズ　大さじ1／2
薄口醤油　少々

作り方

1　きゅうりは輪切りにし、粗塩（分量外）をふって塩もみする。水分が出たらしぼる。蛸、わかめは食べやすく切る。春雨は茹でて水にとり食べやすい長さに切る。
2　ボウルにAを入れて混ぜ合わせ、1を加えて和え、薄口醤油で味をととのえる。

キムチ卵

材料（2人分）

キムチ　150g
ごま油　少々
トマトケチャップ　小さじ2

水　200cc
粗塩　少々
卵　2個
作り方
1　小鍋にごま油をひき、キムチを炒める。香りが出てきたら、ケチャップを加えて炒める。
2　水を加えて沸騰したら、味をみて粗塩を加えて調味し、卵を割り入れる。卵が好みの固さになったら火を止める。

タッハンマリ風

材料（4人分）
A　骨付き鶏のブツ切り肉　600g
　水　1200cc
　にんにく　1片
粗塩　小さじ2
じゃがいも　3〜4個

わけぎ　1／2束
えのきだけ　1袋
もやし　1／2袋
B　薄口醤油　酢（同量で合わせ、粉唐辛子又は豆板醤を好きな量加える）

作り方

1　鍋にAを入れ中火にかけ、沸いたら弱火で20分煮て、粗塩を加える。
2　じゃがいもは皮をむいて4等分に切り、茹でておく。
3　わけぎは食べやすく切り、えのきは石づきを取り、もやしは水で洗い、皿に盛る。Bを合わせておく。
4　食卓にカセットコンロを準備し、1を火にかけ、具を入れながら食べる。器によそい、まずはそのまま食べ、食べ進んだらBを合わせたものをつけながら食べる。
※もやしが好きなので入れてみました。ニラを入れる店も多いそうです。

おにぎり

石川県輪島市の「白米千枚田《しろよねせんまいだ》」をご存じでしょうか？　いわゆる棚田で、足の大きさくらいの小さなものから、たたみ一畳くらいや、もう少し大きいのまで、千枚くらいの様々な形の田んぼが連なり、それが日本海に面していて、絶景です。以前ＣＭの仕事で行き、その棚田でできたお米でおにぎりを作りました。それが、とても美味しかったのです。まず、炊いているときから香りが違って、炊き上がりもふっくらつやつや、そして嚙みごたえがあり……。すっかり気に入り売店でたくさん買って帰りました。ただ、その当時は通販はしてなかったので、そこまで足を運ばないと買えませんでした。だから、持ち帰った分を食べ切ってしまってからは、あのお米美味しかったなぁ、また食べたい……と思い出していました。

ところが、数年後、テレビで千枚田の「オーナー制度」があるということを発見。急いで申し込み、棚田三枚のオーナーになりました。そのときは、もう田植えの時期は終わっていましたが、収穫、いわゆる稲刈りは自分の手で初体験。収穫だけなら簡単かな、と思ったけれど、これがかなりの重労働。田んぼはぬかるみ、そこで腰をかがめて鎌を使って、稲を根元から刈る。しかも、両手で掴みきれないくらいの稲を刈っても、そこからできるお米はご飯茶碗一杯分くらいだというのです。お米のありがたみを実感しました。刈った稲を干すところまで自分たちでやり、あとの脱穀や精米はお任せします。そして、二週間くらいしてから待望の新米が十キロ送られてきました。普通に購入する金額と比べたら、かなり高級なお米になりましたが、千枚田を残すためのある意味「寄付」ということでもあります。機械が入れないから、田植えから稲刈りまで、全部人力で大変な苦労がある。でも、本当に美味しいし、景色も綺麗なので、残すために著名人をはじめ、様々な人がオーナーとして参加しているのです。

女優の杏《あん》さんの結婚パーティーでお料理を作ったのですが、その中で、この千枚田のお米で作った「塩むすび」をお出ししました。杏さんとは、私がフードスタイリストを務めた朝の連続ドラマ「ごちそうさん」でご縁があって、結婚パーティーでのお料理を依頼されたのです。「塩むすび」は彼女のリクエスト。撮影のとき、余ったご飯で握って休憩所に置いたり、ドラマの中でも何度も出てきた塩むすび。杏さんはそれをすごく美味しいって言ってくれていて、「その味が本当に忘れられないから、みんなに食べてもらいたい」と。嬉しいけど、最もシンプルなメニューだけに、すごいプレッシャーでしたが、千枚田のお米のおかげもあってか、みなさん美味しく食べてくださったようでした。

独立してから最初にかかわった映画「かもめ食堂」は、おにぎりが物語の要。フィンランドの撮影スタッフはおにぎりを食べたことがないと思うから、日本人のソウルフード・おにぎりの味を分かってもらってから撮影に入りたい、とのプロデューサーの発案で、日本から持ってきたコシヒカリを炊いて、百個くらい握りました。フィンランド人スタッフはみんな、初めてのおにぎりをすごく喜んでくれました。ただ、このとき、予定外に大量のお米を使ってしまったので、慌てて日本から追加で送ってもらったりしたのですが……。

作品の中でのおにぎりは、舞台が北欧のシンプルな食堂だったから、「デザイン」として、海苔と白米の見た目のバランスをすごく考えました。黒い海苔から白いご飯が三ヶ所ちょうどよく見えるように。

ほかに、おにぎりが思い出深い作品は、映画「東京タワー」。東京へ行く息子にオカンが持たせるおにぎりは、大きくて、海苔で全面をくるんであるから、真っ黒。しっとりとしてて、アルミホイルから漏れる香りもオカンのおにぎりなんだな、というイメージで作りました。また、原作で感動したのが、東京で受験に合格した息子に「ご馳走《ちそう》作るから何がいい？」と聞くと、「オカンのおにぎりがいい」と答えるところ。

オカンは、桶《おけ》いっぱいに、鶏の炊き込みご飯のおにぎりとか、のりたまをまぶしたの、ゆかりを混ぜたのなど、たくさんの種類のおにぎりを作って、おにぎりを「ご馳走」にします。いいシーンなんですが、実際撮影で作るときは、大変でした。鶏ご飯だったらそのためにひと釜炊かないといけないし、白いご飯も何種類にも分けて味付けして。でも、大変だったからこそ、それがオカンの愛情なんだな、と実感しました。

「かもめ食堂」を皮切りに、仕事でおにぎりを作ってきて、みなさんに「美味しい」と喜んでもらっていますが、実はおにぎりが褒められたのはもっと前、フードコーディネーターの先生の会社で働いていたとき。その会社に出入りしている銀行員の人がいて、みんなで食べるお昼で余ったご飯を小さいおにぎりにして、どうぞ、とお出ししていました。そうしたらその人が、私が作ったおにぎりとそうじゃないのが分かる、と言い出したのです。それで、私が作ったのとほかの人が作ったのをいろいろ混ぜて「ブラインドテスト」をしました。その人は、「これだ」って私のを当てて、「本当に美味しいから分かる」って言ってくれました。そのことがあって、私はおにぎりが上手なのかな、と少し自信を持ちました。独立し、初めての映画の仕事が「かもめ食堂」だったので、おにぎりには縁を感じています。

先生のところにいたときから変わらない私のおにぎり作りを、お米を研ぐところから簡単に説明します。

まず、お米の研ぎ方。一回めは勢いよく水をザーッと入れて、さっと洗ってすぐ流す。すぐ、がポイントです。二回めからは、ぎゅっぎゅっと力を入れて研ぐのではなく、ぬかの白いところを落とすように軽く洗うイメージで。昔と違って今は精米技術がいいので、それで十分です。それをあと二〜三回繰り返す。そして、水に二十分ほど浸けてからザルあげし、ラップをかけておいて、水分をお米全体に、ほどよく染み込ませてから水加減し、炊飯器にかけます（土鍋や釜、文化鍋で炊くこともあります）。

炊飯器で炊いた場合、炊き上がってフタを開けたとき、フタの内側の水滴がご飯に落ちないように注意します。そして、炊き上がりは少し水分が多いので、一回ふわっと全体を混ぜたら、ペーパータオルなどを一枚嚙ませて、もう一度フタをします。お櫃に入れると余計な水分を吸ってくれますが、その作用です。お櫃があればそこに移すのが一番です。五分〜十分ほどするとほどよく余分な水分が抜け、少し温度も下がります。

握るときは、思ったより「軽め」で大丈夫です。最初一回、軽いより少し強めに握って形を作ったら、あとは本当に軽く。握る、というより形を整える程度で。片方三〜四回ずつくらい。

みんなが美味しいって言ってくれるポイントは、この「軽く」だと思います。また、ときどきは、人に出すだけでなく、時間をおいたものを自分でも食べてみます。あれくらいの塩で、あの感じの握り方でこういう味になるんだな、というのを意識しながら食べるのです。慣れてるもの、シンプルなものだけに、ときどき確認しています。

おにぎりの具は、「梅干しが好き」と言える人に憧れます。梅干しは家にあって珍しいものではないから、どうしても、鮭、イクラ、たらこ、明太子などそのために用意した具を選びがち。だけど、梅干しが王道であってほしいと思うのです。和歌山には「おにぎりは梅干し」っていう「梅干しおにぎり条例」があるくらいですから。

私は、梅干しを入れるときは少しアレンジすることが多いです。おかかを絡めたり、梅干しとしらすを混ぜたり。鮭と梅干しを混ぜても美味しい。最近の鮭は甘塩の薄味で脂が乗ってるものが多く、それも美味しいけれど、おにぎりの具としてはもう少ししっかりした味がほしいので、梅干しを混ぜるとちょうどいいのです。

ちなみにうちの梅干しは、母の手作り。和歌山でお世話になっている方が、毎年季節になると梅をたくさん送ってくださるので、それを母に転送。毎年同じ塩分十三パーセントで漬けていますが、今年漬けたものと去年漬けたものでは、塩味の感じ方が全然違います。日の浅いものはフレッシュな美味しさはありますが、塩の角が取れてなくて、塩味を強く感じます。時間が経つと、塩が梅となじんで美味しい。母は梅干し作りが年々上手になっています。

ちなみに市販のアンチョビも賞味期限過ぎた頃の方が塩味がまろやかで美味しいです。

食にまつわる本

フードコーディネーターは、単に美味しいお料理のレシピを考えるのではなく、映画やドラマ、CMなどなど、それぞれリクエストされる設定に合わせたメニューを提案し、実際に作るのが仕事です。以前お引き受けしたファンタジー小説が原作のドラマでは、架空の国の架空の料理を考えなければなりませんでした。そんなとき（ファンタジーに限らずですが）参考にしているのが、古今東西の料理本。今回は、そんな食にまつわる本をご紹介します。

『日本の郷土料理』
日本全国の郷土料理を県ごとに紹介している、昭和四十九年刊行の本です。私は東京の八王子出身なので、あまり郷土料理というものになじみがないせいか、各地方の料理に惹かれます。その土地の人は普通に食べてきているけど、私には知らない料理がいっぱいあるんじゃないか、と思うと興味がそそられるのです。例えば青森県の「けいらん」。あんこが入ったおもちを蕎麦つゆで食べるそうです。高知県の「こんにゃくずし」は、いなり寿司のお揚げがこんにゃくになったバージョンといったら分かりやすいでしょうか。滋賀県の「いとこ煮」は、さつまいも、小いも、大根を小豆と一緒に煮て味噌で仕上げます。なんとなく「いとこ」っぽい感じがしますね。また、徳島県の「かきまぜ」はちらし寿司、長野県の「ひんのべ」はすいとんのこと、そんな土地ごとのいろいろな呼び方も面白いです。ほかにも、「牛肉のしゃぶしゃぶ」が兵庫県の郷土料理だったりという、ちょっと意外な発見もありました。ちなみに東京は「にぎり寿司」「天ぷら」「鰻の蒲焼き」「すき焼き」……、あまり郷土感はないですが、江戸前ということなんでしょうか。各県ごとにつけられた「キャッチフレーズ」も面白いです。群馬県「男が作る上州の味覚」、茨城県「質素なお国ぶり」、愛知県「地味ななかにこもるうまさ」、長野県「月と仏とおらがそば」、兵庫県「文明開化の味がいっぱい」、岡山県「絵のような島々と特産の味覚」……センスよく土地柄を表していると思いませんか。

この本は、日本各地の食だけでなく、日本の風土、文化についてもとても勉強になる一冊です。

「主婦の友」「婦人倶楽部」付録のレシピ本

古本屋さんで見つけると、つい買ってしまうのが、昭和の初めのレシピ本。レシピはそんなに昔のものとは思えないくらい、ある意味、今よりハイカラだし、絵がとてもかわいいのです。例えば、昭和十年六月発行の「婦人倶楽部」付録「家庭向夏の西洋料理」に紹介されているのは、「蕗のクリーム煮」「焼きネギの蟹和え」「鯖のコロッケ」「大根の肉巻き」「うどんのトマト煮」「胡瓜のカレー煮」などなど。洋食がそんなになかったからこその発想の斬新さ、自由さなのでしょうか。そしてレシピも凝っています。「キャベツのサラダ」は、キャベツをくりぬいて器にします。そしてくりぬいたキャベツ、きゅうり、玉ねぎそれぞれを薄切りにしたものや、トマト、グリーンピースなどを、酢・砂糖などの調味料で合わせてその器に詰める、という見た目もなかなか豪華だし、手の込んだ一品です。食材自体は今と変わりませんが、組み合わせの大胆さは、とても参考になります。

『世界の食卓　アジア・アフリカ・中南米編』

アフリカの家庭料理ってどんなだろう、とぱらぱらめくっていたら「エチオピア風肉じゃが」「エチオピア風野菜炒め　アリチャ」が目に留まりました。家庭料理はアフリカのエチオピアといえども、結構日本の食卓と通じるものがあるんですね。肉じゃがは、バターで炒めて、ローズマリーとターメリックで味付けします。バターで炒めるなんて、新鮮。見た目はちょっと黄色い肉じゃが、優しいカレー風味で、日本人好みの味です。日本の肉じゃがは、お醤油味なのでどうしてもご飯がほしくなってしまいますが、これは主食にもなるお料理だと思います。「アリチャ」はにんじん、玉ねぎ、インゲンをトマトペーストで炒め、塩、黒こしょう、白こしょうで味付けします。炒め物にトマトペーストを入れるっていうのが、意外となかった発想です。こちらも優しい味で美味しくて、レパートリーに加えたい一品です。

アフリカの料理って想像だけでは分からないけど、案外日本に近いものがあったりする。フレンチやイタリアンだけでなく、こうして思いもよらない世界の国の料理を知るのも大事だな、と思っています。

『金子信雄の楽しい夕食』

子どもの頃、よく見ていたお料理番組なんですが、最近古本屋さんでレシピ本が出ているのを発見し、三冊買いました。あの番組は、金子信雄さんがお酒を飲みながら酔っ払って作るのが、楽しそうで面白くて好きだったし、料理も普通のものをちょっと一工夫してあるようなのが多くありました。実際、本を買ってみたら試してみたくなるレシピがたくさんありました。「茹で豚のウスターソースマリネ」「鯵の干物のレタス巻き」などなど、普通のご家庭のおかずにあるようなものを、難しくない工夫で美味しくしている。いろいろヒントになりました。私、金子さんは料理の専門家だと思っていたんですが、俳優だったのですね。知りませんでした。料理学校で勉強したプロの料理人ではなく、料理好きで酒好きのおじさん。プロの料理人だと許されないけれど、そういうキャラの人が好きな料理を楽しく作っていたところが、子ども心にも面白かったんだ、と思います。本も、テレビのまま話しかけるように書かれているのが楽しくて、活字でもこういうレシピの紹介のしかたができるんだ、と参考になりました。

『梅暦、梅料理』

私は梅干し、梅酢が大好きで、よく梅レシピを考えるので、この本は目にしてすぐ手に取りました。天ぷらを梅で食べる、とろろ汁を醤油じゃなくてたたいた梅干しで味付けするなど、梅干しを調味料として使う、というところに共感します。梅干しを、白いご飯のお伴にするだけではなかなか減らないと思うのですが、調味料として使うととても幅が広がります。出汁をとってそこにたたいた梅干しとお醤油をちょっとひとたらしで、お吸い物に。無塩のトマトジュースにたたいた梅干しを入れて、少し薄い出汁でのばしてガスパチョっぽい和風の冷たいスープに。塩分を梅にした梅肉じゃが、鰯とじゃがいもの梅鰯じゃがなど、身近だけどちょっと新しい感じがしますよね。最近、若い人は梅干しをあまり食べないと聞きますが、とにかく、梅と梅酢をもっとたくさんの人に知ってほしいので、いつか私なりの「梅レシピ本」を作りたいと思っています。

『食の俳句歳時記』『和食ことわざ事典』

レシピだけでなく、こういう本も手に取ると面白いし、参考になります。私は月に一回、句会に参加しているのですが、食に関する季語はたくさんあるのだな、と改めて思いました。「大根」は冬の季語、冬のものと思い込みがちですが、「春大根」「夏大根」という言葉があることを知りました。これからは、春や夏の大根レシピを積極的に提案したいと思います。また、「新」がつく食材がたくさんあるということも発見でした。「新米」「新蕎麦」「新海苔」だけでなく、「新小豆」「新大豆」「新胡麻」……。当たり前ですが、全ての野菜・穀物には「新」があるのですね。

『ことわざ事典』で面白かったのは「蛸」のことわざ。「蛸のあら汁」はあるはずのないことをたとえるときに言うそうです。なぜなら、蛸には「あら」がないから。「蛸を薬缶で煮る」は手も足も出ない、っていうこと。猫ならぬ、「蛸の手も借りたい」は、八本ある手を借りたいほど、忙しいということだそうです。「蛸のあら汁」、今度ちょっと使ってみようと思っています。

ご紹介したうち、『世界の食卓』『梅暦、梅料理』『食の俳句歳時記』『和食ことわざ事典』は、東京の高輪にある「味の素食の文化センター」内の図書館から借りてきたものです。ここは、食の会社の図書館だけあって、古今東西のレシピ本はもちろん、食材ごとの分厚い事典や、エッセイ本、料理雑誌、うんちく本など、日本中の食関係の本が揃っているのでは、という充実ぶり。仕事のヒントを探すために通うのですが、いつもとても楽しくて長居してしまいます。近所に引っ越してきたいと思うくらいです。

エチオピア風肉じゃが

材料（4人分）

牛薄切り肉　200g
じゃがいも　5個
玉ねぎ　1個
ターメリック　小さじ1
ローズマリー（乾燥）　小さじ1
バター　大さじ2〜3
粗塩　小さじ1と1／2〜2
白こしょう　適量
水　適量

作り方

1　玉ねぎはくし形切り、じゃがいもは皮をむいて食べやすい大きさに切る。肉も一口大に切る。
2　鍋を弱火にかけてバターを溶かし、玉ねぎを入れてキツネ色に炒める。
3　2にターメリックを入れて混ぜ合わせ、肉を加えて炒める。肉の色が変わったらじゃがいもを入れて炒める。
4　3の具がひたひたに浸かるぐらいに水、粗塩、ローズマリーを入れ、フタをして材料がやわらかくなるまで煮る。
5　フタを取り、水分を飛ばし、白こしょうで味をととのえる。

エチオピア風野菜炒め　アリチャ

材料（4人分）
玉ねぎ　1個
にんじん　2本
インゲン　15本
トマトペースト　大さじ3
サラダ油　大さじ2
粗塩　小さじ1〜2と1／2
白こしょう　適量
黒こしょう　適量

作り方
1　玉ねぎはくし形切り、にんじんは短冊、インゲンは半分の長さに切る。
2　フライパンにサラダ油を熱して玉ねぎをじっくり炒め、トマトペースト、粗塩小さじ

1を加える。

3　2ににんじん、インゲンを入れて炒め、白こしょう、黒こしょうで味をととのえる。味をみて残りの粗塩を加える。

豚の梅生姜焼き

材料（2人分）

豚肩ロース肉（生姜焼き用）　300g
新玉ねぎ　1個
A　梅肉（粗めにたたく）　大さじ1（約30g）
※今回は塩分10%のものを使用しました。
　酒　大さじ2
　薄口醤油　大さじ1
　みりん　大さじ1
　おろし生姜　小さじ1
サラダ油　大さじ1／2

作り方

1　Aを合わせておく。新玉ねぎはくし形に切る。
2　熱したフライパンにサラダ油をひき、半分の長さに切った豚肉、新玉ねぎを入れて焼く。
3　2に合わせておいたAを加えて、炒め合わせる。付け合わせに茹でた菜の花を添えても。

梅酢

私の大定番の調味料に「梅酢」があります。初めて出会ったのは、和歌山のトマト農家。そこのおばちゃんが、梅酢を使った料理をいろいろ作ってくれて、その美味しさに感激して帰りに道の駅で買いました。それ以来、取り寄せて使っていました。

そして、ついに、「飯島奈美プロデュース」の梅酢を作ることになったのです。きっかけは、「ほぼ日刊イトイ新聞」のスタッフの方からのご提案。私の定番料理「梅酢の鶏唐揚げ」が美味しくて好きなので、梅酢を商品として「ほぼ日」で売りたいとのことでした。確かに、梅酢の唐揚げはたくさんの人に好評で、みなさんに作ってもらいたい気持ちもあったのですが、梅酢はなかなか手に入りません。また、実際に梅酢を手に入れても、どうやって使うのか分からない人がほとんどだと思うのです。なので、梅酢をたくさんの人に知ってもらいたい、手に取って使ってもらいたい。そして、せっかくプロデュースするなら、オリジナルの梅酢レシピ本も作りたい。……そう思い、商品作りって大変だろうな、と尻込みする気持ちもありながら、思い切ってチャレンジすることにしました。

初めてづくしの商品作りですが、まずは梅酢をボトルに詰めてくれるメーカー探しからです。梅干しを漬けるとき、梅に塩をして上がってくる水分、それが梅酢です。もちろん水は入っていない、塩と梅の水分だけでできたもの。これは、梅干しを漬けると必ず出てくるので、和歌山の梅干しメーカーや農家にはたくさんあります。どこのメーカーにお願いするかは、以前から親しくさせてもらっている和歌山の方に相談し、「東農園《あづま》」さんをご紹介いただきました。東農園でも商品として販売しているので、はじめは社長さんや商品開発の方に、「どうして？」と不思議がられていた気がします。でも、お話しするうちに、私のオリジナルの商品を作って、「ほぼ日」を通じて売ることで、梅酢がたくさんの人に広まるのではないか、と期待して引き受けてくださいました。

次に、梅酢を入れるボトル探しです。ペットボトルが手軽でいいのではないかと思い、まずはかっぱ橋のパッケージ屋さんへ。よさそうなペットボトルを何種類か選ぶと、サンプルということでただで分けてくれました。耐久性などを調べなくてはならないから、サンプルを東農園へ送ったりしていろいろチェック。結果、出来合いのペットボトルでは中栓がなく、フタの部分の密閉性が弱いので難しいということになりました。次に、ガラス瓶を当たることに。こういうときはインターネット。「瓶　販売」で検索するとガラス瓶の販売サイトがいろいろ出てきました。その中からデザイン、値段、条件などでいくつか比べて、ぽってりと丸みのある瓶に決定。それを東農園に直接発注してもらう段取りを組みました。東農園からは梅酢を注文するとき、例えば百本以上の大量になると、一階じゃないと配達できませんとか、実際には千本単位で発注することになるので、「フォークリフトはありますか？」とか思いがけないことを聞かれたりしました。ほぼ日の倉庫にはフォークリフトはあったので、問題なかったのですが。

中身と容器が決まったら、あとはパッケージデザインです。これは友人のデザイナーさんに相談して作ってもらいました。商品名は「紀州の、うめ酢」。和紙っぽい紙にシンプルで温かみのあるかわいいデザイン。梅酢は身体にいいし、料理も美味しくなるので、使い出したら手放せなくなるし、誰かにプレゼントしたくなると思うのです。だから、日用使いの調味料でなく、贈り物にできるような、ちょっと特別感のあるものにしたいと思っていて、そのイメージ通りになりました。

この、商品作りと並行して進めたのが、レシピ作り。最初は、簡単な小冊子でいいと思っていたのですが、あとからあとから、梅酢レシピが湧いてきて、結局立派めなレシピ冊子になりました。レシピは特別なものではなく、普段作っているポテトサラダや卵焼き、酢豚、炊き込みご飯、生姜焼きなどなど、ごく定番のものがほとんどです。もちろん、唐揚げのレシピも入っています。一番簡単なのは「ささみのうめ酢焼き」。事務所でお昼何にしようか、というときにはささみ焼きになったりします。ささみは、塩だけだと物足りないけど、梅酢に絡めて焼くとコクが出てしっとりした食感になります。梅酢のカリウム、クエン酸が肉を保水する効果があるそうです。焼きすぎない、ぎりぎりに焼いて余熱で火を通すのがコツです。

また、ケチャップ、醬油、マヨネーズなどいろんな調味料との組み合わせ。梅酢、酒、水、みりん、鰹節か昆布で作る「万能かけだしうめ酢」。梅酢を使ったドリンクなども紹介しています。

レシピ冊子のタイトルは『紀州の、うめ酢　難のがれレシピ』。昔から「梅はその日の難逃れ」と言われています。解毒作用があったり、食欲不振によかったり、疲れが取れたり、殺菌作用があったりと、梅の効能はいろいろ。疲れたときや、食欲がないときに、梅酢を使って簡単に作ることができる「難のがれレシピ」なのです。

商品作りは知らないことだらけで大変でしたが、夢中になることができました。梅酢に出会って、こういう機会をいただけて本当によかったです。いつか、みなさんの台所に置かれる定番調味料となることを願っています。

ささみのうめ酢焼き

材料（2〜3人分）

ささみ　6本
A　うめ酢　大さじ4
　水　大さじ2
サラダ油　少々

作り方

1　ささみを調理する10分前に冷蔵庫から出しておく。ささみをポリ袋に入れ、Aを加え空気を抜いて口を閉じ、5分浸す。
2　フライパンを弱めの中火で熱し、サラダ油をひく。水分を切ったささみを並べて2分半ほど焼き、いい焼き色がついたらひっくり返し、さらに1分〜1分半焼き、皿に取り出す。

トマトとモッツァレラ

材料（2〜3人分）

トマト　1個
モッツァレラ　1個
大葉　3〜4枚
うめ酢　小さじ1〜1と1／2
オリーブオイル　大さじ1〜2
こしょう　好みで

作り方

1　トマト、モッツァレラは食べやすい大きさに切る。
2　器にトマト、モッツァレラ、大葉をちぎりながら盛りつける。
3　全体にうめ酢、オリーブオイルをまわしかける。お好みで、こしょうをかけても。

豚のうめ酢生姜焼き

材料（2〜3人分）

豚薄切り肉　300g
新玉ねぎ（又は玉ねぎ）　1／2個
A　酒　大さじ2

うめ酢　大さじ1
みりん　大さじ1
薄口醬油　大さじ1
おろし生姜　大さじ1／2
砂糖（好みで）　少々
サラダ油　適量
せん切りキャベツ　適量

1　フライパンを中火で熱し、サラダ油を入れて新玉ねぎを炒め、少し透明感が出てきたら、豚肉を広げながら焼く。
2　Aを混ぜ合わせたタレをフライパンに加え、絡める。煮詰め具合はお好みで。皿に盛り、せん切りキャベツなどを添える。

スーパー

スーパーが好きです。地方に行ったときは、必ず地元のスーパーを見て回ります。その土地ならではの品揃えを見るのが楽しくて、私にとってはエンターテインメントスポットです。もちろん、見るだけでなく、乾物や出汁、塩など、ちょっとした物ですが、「いいな」と思った物をあれこれ買い込んでしまいます。自分用とお土産用、それぞれ大体二個以上ずつ。

東京で以前から注目しているスーパーは、羽村市にある「福島屋」。実家が近いので、近くに行くときは必ず寄ります。

「福島屋」のいいな、すごいな、と思うところはいくつもあります。まず、手作りのお惣菜とお弁当にパン。店内のキッチンで作られているのですが、食材は全て店頭で売られている物を使っているそうです。肉、野菜、お米をはじめ、油や塩、醬油など、全部です。「試食」の意味合いもあって、お米などは、お弁当やおにぎりで食べて美味しい、と思ったお客さんが実際に同じ物を買うことができるのです。

お惣菜とお弁当の品揃えは、かなり豊富です。今回おじゃましたときに店頭に並んでいた品々の一部を紹介すると……。
・サラダ　グリーンサラダ、トマトサラダ（バジリコ風味）、人参サラダ（キャロットラペ）、コールスロー、ポテトサラダ
・お惣菜　切り干し大根煮、金時豆煮、かぼちゃ胡麻和え、ピリ辛こんにゃく醤油煮、卯の花、切り昆布煮、茄子の揚げ浸し、餃子、さつまハーブ鶏から揚げ、沖縄豚ロースカツ、海老フライ、春巻、ポテトコロッケ、天ぷら各種
・お弁当　古代黒米弁当（焼き鯖）、有明海苔弁当（さつまハーブ鶏げんこつ焼き）、桜海老炊き込みご飯弁当、レバニラ炒め弁当、ミニ天丼
（このほか、おにぎりや各種サンドイッチもあります）

サラダは、葉っぱだけのグリーンサラダにお好みのサラダをのせれば、オリジナルの一品になります。お惣菜は、揚げ物だけでなく、いわゆるご家庭のおかずっぽい茶色系の物が充実。またサイズも大小あるので便利です。お弁当には、店頭にあるお惣菜も各種詰められています。

桜海老炊き込みご飯弁当、かぼちゃ胡麻和え、切り昆布煮、ポテトサラダ（一番人気だそうです）などを購入して食べました。家のおかずを食べているという感じで、ほっとできる美味しさでした。

ベーカリーコーナーのパンは、店内の石窯で焼いているそうです。焼きドーナツ、チョコブレッドなど、人気のパンはいろいろありますが、私がよく購入するのは「田舎パン」。形がきちっとした丸とか四角じゃなく、丸めて発酵させて、自然な形のまんまで焼いた〝不格好〟。それがかえって素朴で美味しそうなのです。レタス、ハム、チーズをはさむだけで絵になって、実際CMの仕事などで使っています。

「福島屋」のもう一つの好きなところは、北海道から沖縄まで、日本全国から選び抜かれた食品の種類の豊富さ。最初に書いたように、私は地方に行くたびに地元の〝いい〟物を購入します。そして気に入った物は取り寄せるようになるのですが、ここに来ると、そんな取り寄せていた品々が発見できるのです。先日、高知で手に入れた美味しい塩「塩二郎」が店頭にあり、嬉しくなってしまいました。店内には「津々浦々物語」というコーナーがあって、会長を筆頭にバイヤーさんが全国からセレクトした食材が並んでいます。実際に足を運んで、いいと感じた物を仕入れているのだろうな、というのが品揃えから伝わって、見ているだけで楽しくなります。味噌、塩、醤油、納豆、豆腐などなど、全国の「道の駅」で売っている物が一堂に集っているかのようです。例えば納豆は、大型スーパーにあるような、リーズナブルな有名商品は置いていません。経木《きょうぎ》でくるまれた「しもにた」、昆布と糀が入っていて、すごく旨味がある

「塩納豆」など、ちょっと高いのですが、選び抜かれているな、と感じる物ばかりです。

また、「福島屋」ならではなのは、福島県で造られている「生揚《きあげ》醤油」の販売です。この醤油は、添加物や保存料は一切加えず、醤油造りに必要な最後の工程である火入れもしていない、まさに生の状態。だから、流通に乗せ、スーパーなどで売ることが難しいとされていたのですが、この醤油に惚れ込んだ「福島屋」の会長が醸造工場の工場長と話し合い、流通に耐えうる生揚醤油を造ったのだそうです。出来上がった「きあげ」は、当初は予約販売でしたが、今では店頭でいつでも買える商品になりました。いい、と思った物を店頭に並べる情熱を感じます。おかげで、今回、私もやっと手に入れることができました。店内のお惣菜の味付けは、もちろんこの「きあげ」だそうです。お惣菜の味が気に入ったお客さんがこの醤油を買っていく、というのがすごくいい循環だと思います。そして、ほかでは買えないという「ワクワク感」が、人を惹きつけるのだと感じました。

私も、オリジナルの「梅酢」を作って小さい販路で販売を始めました。それは一人の情熱でできることではなく、「いい物」を作りたい、届けたい、と志を同じにしてくれる、たくさんの人とのチームワークで可能となったと思っています。「福島屋」

の店頭からは、そんなチームワークが伝わってきます。

また、店内を歩いていたら、店員さんとお客さんが「こんにちは」などと挨拶し合っていて、そんな様子から、いい交流、いい循環があるなと思いました。それが、商品の充実にも繋がっているのだと思います。

私がスーパーで販売するお弁当を作るとしたら入れたいおかずのレシピをご紹介します。

根菜ごま和え

材料（作りやすい分量）

れんこん　1節（250g）
ごぼう　1／2本
しめじ　1パック
ちりめんじゃこ　15g

出汁　350cc
粗塩　小さじ1
白すりごま　大さじ2〜3

作り方

1　れんこんは皮をむき一口大に切る。ごぼうは5㎜厚の斜め切りにする。しめじは石づきを取り、ほぐす。
2　鍋に出汁と粗塩、れんこん、ごぼうを入れて火にかけ、火が通ったらしめじを加えてさらに4〜5分煮て火を止めそのまま冷ます。
3　ボウルに2の汁を切って入れて、白すりごま、じゃこを加えて和える。薄ければ醬油（分量外）を足す。おろし生姜など加えても。

ミックスポテトサラダ

材料（作りやすい分量）

じゃがいも　2個（360g）
かぼちゃ　200g
にんじん　150g

ハム　4枚
粗塩　小さじ1／3
こしょう　少々
マヨネーズ　大さじ4〜5
オリーブオイル　大さじ1／2

作り方

1　じゃがいも、にんじんは皮をむき1・5㎝の角切りにし、かぼちゃも同じように切る。ハムは1㎝角に切る。

2　鍋にじゃがいも、にんじんを入れ、かぶるくらい水を注ぎ、沸騰したら火を弱めて煮る。

3　3分経ったらかぼちゃも入れ、やわらかくなるまで煮て、ザルにあげる。

4　じゃがいもの半分をボウルに入れてつぶし、粗塩、こしょう、マヨネーズ、オリーブオイルで混ぜ、残りの野菜（じゃがいも、人参、かぼちゃ）、ハムを全部加えて和える。

おわりに

「ご飯の島の美味しい話」の連載が始まったのは二〇〇八年です。フードスタイリストという自分の仕事はあくまで裏方なので、個人的なことや仕事への思いを文章にするのが難しく、また照れ臭くもありました。そのため連載が始まってからも、「読む人いるんですかね？　いつまで続けるのですか？」と、担当の菊地さんに毎回言っていました。

連載時から比べるとフードスタイリストとしての経験も増えて、たくさんの撮影の修羅場も経て、その頃よりも少しいろいろなことを俯瞰《ふかん》できるようになっていると思います。

今回の書籍化で改めてこれまでの文章を読み直してみると、十年前の自分に笑ってしまったり、ツッコミしたり、反省したり、「よくがんばっているな」と、ちょっと感心したり。読み直しは意外に楽しい作業でした。

つい先日、著書にサインを頼まれて書いていたとき、その方に「揚げバナナ、鶏じゃが、豚汁は本当に何回も作っています！」と言われ、私より揚げバナナ絶対に上手だろうなと思いました（揚げバナナは作るのが難しくて、撮影のときしか作っていないので）。

今回のこの本は、私が期待される「基本的な料理の本」とはかなりちがう料理のラインナップです。紹介したどんな料理がみなさんに気に入ってもらえるか楽しみです。料理の作り方や考え方も多少変化しているので、連載時からは修正した部分もあります。進化したレシピですので、試してもらえたら嬉しいです。

二〇一九年七月　飯島奈美

本文デザイン――有山達也
撮影――長野陽一

この作品は二〇一九年七月小社より刊行されたものです。

幻冬舎文庫

●最新刊
ああ、だから一人はいやなんだ。2
いとうあさこ

セブ旅行で買った、ワガママボディにぴったりのビキニ。気づいたら号泣していた「ボヘミアン・ラプソディ」の〝胸アツ応援上映〟。〝あちこち衰えあさこ〟の、ただただ一生懸命な毎日。

●最新刊
真夜中の栗
小川　糸

市場で買った旬の苺やアスパラガスでサラダを作ったり、年末にはクルミとレーズンたっぷりの林檎ケーキを焼いたり。誰かのために、自分を慈しむために、台所に立つ日々を綴った日記エッセイ。

●最新刊
そして旅にいる
加藤千恵

心の隙間に、旅はそっと寄り添ってくれる。北海道、大阪、伊豆、千葉、香港、ハワイ、ニュージーランド、ミャンマー。国内外を舞台に、恋愛小説の名手が描く優しく繊細な旅小説8篇。

●最新刊
聡乃学習
小林聡美

今、やりたいことは、やっておかなくては——。無理せずに、興味のあることに飛び込んで、学びを得ながら軽やかに丁寧に送る日々を綴る、くすっと笑えて背筋が伸びるエッセイ集。

●最新刊
愛と追憶の泥濘《ぬかるみ》
坂井希久子

婚活真っ最中の柿谷莉歩にできた彼氏、宮田博之は大手企業のイケメン敏腕営業マン。そのどこまでも優しい人柄に莉歩はベタ惚れ。だが博之には、「勃起障害」という深刻な悩みがあった……。

ご飯《はん》の島《しま》の美味《おい》しい話《はなし》

飯島《いいじま》奈美《なみ》

令和4年2月10日　初版発行

発行人———石原正康
編集人———高部真人
発行所———株式会社幻冬舎
〒151-0051東京都渋谷区千駄ヶ谷4-9-7
電話　03(5411)6222(営業)
　　　03(5411)6211(編集)
振替00120-8-767643
印刷・製本—株式会社 光邦
装丁者———高橋雅之

幻冬舎文庫

ISBN978-4-344-43160-7　C0195　い-70-1